大乘大义章

中国佛学经典宝藏

119

陈扬炯 释译

星云大师总监修

人民东方出版传媒
东方出版社

U0736266

总序

星云

> 自读首楞严，从此不尝人间糟糠味；
>
> 认识华严经，方知已是佛法富贵人。

诚然，佛教三藏十二部经有如暗夜之灯炬、苦海之宝筏，为人生带来光明与幸福，古德这首诗偈可说一语道尽行者阅藏慕道、顶戴感恩的心情！可惜佛教经典因为卷帙浩瀚、古文艰涩，常使忙碌的现代人有义理远隔、望而生畏之憾，因此多少年来，我一直想编纂一套白话佛典，以使法雨均沾，普利十方。

一九九一年，这个心愿总算有了眉目。是年，佛光山在中国大陆广州市召开"白话佛经编纂会议"，将该套丛书定名为《中国佛教经典宝藏》①。后来几经集思广

---

① 编者注：《中国佛教经典宝藏》丛书，大陆出版时改为《中国佛学经典宝藏》丛书。

益，大家决定其所呈现的风格应该具备下列四项要点：

一、启发思想：全套《中国佛教经典宝藏》共计百余册，依大乘、小乘、禅、净、密等性质编号排序，所选经典均具三点特色：

1. 历史意义的深远性

2. 中国文化的影响性

3. 人间佛教的理念性

二、通顺易懂：每册书均设有原典、注释、译文等单元，其中文句铺排力求流畅通顺，遣词用字力求深入浅出，期使读者能一目了然，契入妙谛。

三、文简意赅：以专章解析每部经的全貌，并且搜罗重要的章句，介绍该经的精神所在，俾使读者对每部经义都能透彻了解，并且免于以偏概全之谬误。

四、雅俗共赏：《中国佛教经典宝藏》虽是白话佛典，但亦兼具通俗文艺与学术价值，以达到雅俗共赏、三根普被的效果，所以每册书均以题解、源流、解说等章节，阐述经文的时代背景、影响价值及在佛教历史和思想演变上的地位角色。

兹值佛光山开山三十周年，诸方贤圣齐来庆祝，历经五载、集二百余人心血结晶的百余册《中国佛教经典宝藏》也于此时隆重推出，可谓意义非凡，论其成就，则有四点可与大家共同分享：

一、**佛教史上的开创之举**：民国以来的白话佛经翻译虽然很多，但都是法师或居士个人的开示讲稿或零星的研究心得，由于缺乏整体性的计划，读者也不易窥探佛法之堂奥。有鉴于此，《中国佛教经典宝藏》丛书突破窠臼，将古来经律论中之重要著作，做有系统的整理，为佛典翻译史写下新页！

二、**杰出学者的集体创作**：《中国佛教经典宝藏》丛书结合中国大陆北京、南京各地名校的百位教授、学者通力撰稿，其中博士学位者占百分之八十，其他均拥有硕士学位，在当今出版界各种读物中难得一见。

三、**两岸佛学的交流互动**：《中国佛教经典宝藏》撰述大部分由大陆饱学能文之教授负责，并搜录台湾教界大德和居士们的论著，借此衔接两岸佛学，使有互动的因缘。编审部分则由台湾和大陆学有专精之学者从事，不仅对中国大陆研究佛学风气具有带动启发之作用，对于台海两岸佛学交流更是帮助良多。

四、**白话佛典的精华集萃**：《中国佛教经典宝藏》将佛典里具有思想性、启发性、教育性、人间性的章节做重点式的集萃整理，有别于坊间一般"照本翻译"的白话佛典，使读者能充分享受"深入经藏，智慧如海"的法喜。

今《中国佛教经典宝藏》付梓在即，吾欣然为之作序，并借此感谢慈惠、依空等人百忙之中，指导编修；吉广舆等人奔走两岸，穿针引线；以及王志远、赖永海等大陆教授的辛勤撰述；刘国香、陈慧剑等台湾学者的周详审核；满济、永应等"宝藏小组"人员的汇编印行。他们的同心协力，使得这项伟大的事业得以不负众望，功竟圆成！

《中国佛教经典宝藏》虽说是大家精心擘划、全力以赴的巨作，但经义深邃，实难尽备；法海浩瀚，亦恐有遗珠之憾；加以时代之动乱，文化之激荡，学者教授于契合佛心，或有差距之处。凡此失漏必然甚多，星云谨以愚诚，祈求诸方大德不吝指正，是所至祷。

一九九六年五月十六日于佛光山

原版序
敲门处处有人应

慈惠

　　《中国佛教经典宝藏》是佛光山继《佛光大藏经》之后，推展人间佛教的百册丛书，以将传统《大藏经》精华化、白话化、现代化为宗旨，力求佛经宝藏再现今世，以通俗亲切的面貌，温渥现代人的心灵。

　　佛光山开山三十年以来，家师星云上人致力推展人间佛教，不遗余力，各种文化、教育事业蓬勃创办，全世界弘法度化之道场应机兴建，蔚为中国现代佛教之新气象。这一套白话精华大藏经，亦是大师弘教传法的深心悲愿之一。从开始构想、擘划到广州会议落实，无不出自大师高瞻远瞩之眼光，从逐年组稿到编辑出版，幸赖大师无限关注支持，乃有这一套现代白话之大藏经问世。

　　这是一套多层次、多角度、全方位反映传统佛教文化的丛书，取其精华，舍其艰涩，希望既能将《大藏经》

深睿的奥义妙法再现今世，也能为现代人提供学佛求法的方便舟筏。我们祈望《中国佛教经典宝藏》具有四种功用：

一、是传统佛典的精华书

中国佛教典籍汗牛充栋，一套《大藏经》就有九千余卷，穷年皓首都研读不完，无从赈济现代人的枯槁心灵。《宝藏》希望是一滴浓缩的法水，既不失《大藏经》的法味，又能有稍浸即润的方便，所以选择了取精用弘的摘引方式，以舍弃庞杂的枝节。由于执笔学者各有不同的取舍角度，其间难免有所缺失，谨请十方仁者鉴谅。

二、是深入浅出的工具书

现代人离古愈远，愈缺乏解读古籍的能力，往往视《大藏经》为艰涩难懂之天书，明知其中有汪洋浩瀚之生命智慧，亦只能望洋兴叹，欲渡无舟。《宝藏》希望是一艘现代化的舟筏，以通俗浅显的白话文字，提供读者遨游佛法义海的工具。应邀执笔的学者虽然多具佛学素养，但大陆对白话写作之领会角度不同，表达方式与台湾有相当差距，造成编写过程中对深厚佛学素养与流畅白话语言不易兼顾的困扰，两全为难。

三、是学佛入门的指引书

佛教经典有八万四千法门，门门可以深入，门门是无限宽广的证悟途径，可惜缺乏大众化的入门导览，不易寻觅捷径。《宝藏》希望是一支指引方向的路标，协助十方大众深入经藏，从先贤的智慧中汲取养分，成就无上的人生福泽。

四、是解深入密的参考书

佛陀遗教不仅是亚洲人民的精神归依，也是世界众生的心灵宝藏。可惜经文古奥，缺乏现代化传播，一旦庞大经藏沦为学术研究之训诂工具，佛教如何能扎根于民间？如何普济僧俗两众？我们希望《宝藏》是百粒芥子，稍稍显现一些须弥山的法相，使读者由浅入深，略窥三昧法要。各书对经藏之解读诠释角度或有不足，我们开拓白话经藏的心意却是虔诚的，若能引领读者进一步深研三藏教理，则是我们的衷心微愿。

大陆版序一

释而 生

　　《中国佛教经典宝藏》是一套对主要佛教经典进行精选、注译、经义阐释、源流梳理、学术价值分析，并把它们翻译成现代白话文的大型佛学丛书，成书于二十世纪九十年代，由台湾佛光文化事业有限公司出版，星云大师担任总监修，由大陆的杜继文、方立天以及台湾的星云大师、圣严法师等两岸百余位知名学者、法师共同编撰完成。十几年来，这套丛书在两岸的学术界和佛教界产生了巨大的影响，对研究、弘扬作为中国传统文化重要组成部分的佛教文化，推动两岸的文化学术交流发挥了十分重要的作用。

　　《中国佛学经典宝藏》则是《中国佛教经典宝藏》的简体字修订版。之所以要出版这套丛书，主要基于以下的考虑：

　　首先，佛教有三藏十二部经、八万四千法门，典籍浩瀚，博大精深，即便是专业研究者，穷其一生之精力，恐也难阅尽所有经典，因此之故，有"精选"之举。

其次，佛教源于印度，汉传佛教的经论多译自梵语；加之，代有译人，版本众多，或随音，或意译，同一经文，往往表述各异。究竟哪一种版本更契合读者根机？哪一个注疏对读者理解经论大意更有助益？编撰者除了标明所依据版本外，对各部经论之版本和注疏源流也进行了系统的梳理。

再次，佛典名相繁复，义理艰深，即便识得其文其字，文字背后的义理，诚非一望便知。为此，注译者特地对诸多冷僻文字和艰涩名相，进行了力所能及的注解和阐析，并把所选经文全部翻译成现代汉语。希望这些注译，能成为修习者得月之手指、渡河之舟楫。

最后，研习经论，旨在借教悟宗、识义得意。为了将其思想义理和现当代价值揭示出来，编撰者对各部经论的篇章品目、思想脉络、义理蕴涵、学术价值等所做的发掘和剖析，真可谓殚精竭虑、苦心孤诣！当然，佛理幽深，欲入其堂奥、得其真义，诚非易事！我们不敢奢求对于各部经论的解读都能鞭辟入里，字字珠玑，但希望能对读者的理解经义有所启迪！

习近平主席最近指出："佛教产生于古代印度，但传入中国后，经过长期演化，佛教同中国儒家文化和道家文化融合发展，最终形成了具有中国特色的佛教文化，给中国人的宗教信仰、哲学观念、文学艺术、礼仪习俗等留下了深刻影响。"如何去研究、传承和弘扬优秀佛教文化，是摆在我们面前的一个重要课题，人民东方出版传媒有限公司拟对繁体字版的《中国佛教经典宝藏》进行修订，并出版简体字版的《中国佛学经典宝藏》，随喜赞叹，寥寄数语，以叙因缘，是为序。

二〇一六年春于南京大学

大陆版序二

依空

　　身材高大、肤色白皙、擅长军事的亚利安人，在公元前四千五百多年从中亚攻入西北印度，把当地土著征服之后，为了彻底统治这里的人民，建立了牢不可破的种姓制度，创造了无数的神祇，主要有创造神梵天、破坏神湿婆、保护神毗婆奴。人们的祸福由梵天决定，为了取悦梵天大神，需要透过婆罗门来沟通，因为他们是从梵天的口舌之中生出，懂得梵天的语言——繁复深奥的梵文，婆罗门阶级是宗教祭祀师，负责教育，更掌控了神与人之间往来的话语权。四种姓中最重要的是刹帝利，举凡国家的政治、经济、军事、文化等等都由他们实际操作，属贵族阶级，由梵天的胸部生出。吠舍则是士农工商的平民百姓，由梵天的膝盖以上生出。首陀罗则是被踩在梵天脚下的土著。前三者可以轮回，纵然几世轮转都无法脱离原来种姓，称为再生族；首陀罗则连轮回的因缘都没有，为不生族，生生世世为首陀罗，子孙也倒霉跟着宿命，无法改变身份。相对于此，贱民比首陀罗更为卑微、低贱，连四种姓都无法跻身其中，只能从事挑粪、焚化尸体等最卑贱、龌龊的工作。

出身于高贵种姓释迦族的悉达多太子，为了打破种姓制度的桎梏，舍弃既有的优越族姓，主张一切众生皆平等，成正等觉，创立了佛教僧团。为了贯彻佛教的平等思想，佛陀不仅先度首陀罗身份的优婆离出家，后度释迦族的七王子，先入山门为师兄，树立僧团伦理制度。佛陀更严禁弟子们用贵族的语言——梵文宣讲佛法，而以人民容易理解的地方口语来演说法义，这就是巴利文经典的滥觞。佛陀认为真理不应该是属于少数贵族、知识分子的专利或装饰，而应该更贴近普罗大众，属于平民百姓共有共知。原来佛陀早就在推动佛法的普遍化、大众化、白话化的伟大工作。

佛教从西汉哀帝末年传入中国，历经东汉、魏晋南北朝、隋唐的漫长艰巨的译经过程，加上历代各宗派祖师的著作，积累了庞博浩瀚的汉传佛教典籍。这些经论义理深奥隐晦，加以书写的语言文字为千年以前的古汉文，增加现代人阅读的困难，只能望着汗牛充栋的三藏十二部扼腕慨叹，裹足不前。

如何让大众轻松深入佛法大海，直探佛陀本怀？佛光山开山宗长星云大师乃发起编纂《中国佛教经典宝藏》。一九九一年，先在大陆广州召开"白话佛经编纂会议"，订定一百本的经论种类、编写体例、字数等事项，礼聘中国社科院的王志远教授、南京大学的赖永海教授分别为中国大陆北方与南方的总联络人，邀请大陆各大学的佛教学者撰文，后来增加台湾部分的三十二本，是为一百三十二册的《中国佛教经典宝藏精选白话版》，于一九九七年，作为佛光山开山三十周年的献礼，隆重出版。

六七年间我个人参与最初的筹划，多次奔波往来于大陆与台湾，小心谨慎带回作者原稿，印刷出版、营销推广。看到它成为佛教徒家中的传家宝藏，有心了解佛学的莘莘学子的入门指南书，为星云大师监修此部宝藏的愿心深感赞叹，既上契佛陀"佛法不舍一众"的慈悲本怀，更下启人间佛教"普世益人"的平等精神。尤其可喜者，欣闻现大陆出版方东方出版社潘少平总裁、彭明哲副总编亲自担纲筹划，组织资深编辑精校精勘；更有旅美企业家鲁彼德先生事业有成之际，秉"十方来，十方去，共成十方事"之襟怀，促成简体字版《中国佛学经典宝藏》的刊行。今付梓在即，是为序，以表随喜祝贺之忱！

二〇一六年元月

目　录

题

解

3	4	5	111	18	28	53	32	54	63	55	56	44	65
增一阿含经	杂阿含经	金	佛教新出...	六祖坛经	碧岩录	天台四教仪	禅门师资承袭图	金刚錍	华严学	教观纲宗	摩诃止观	万善同归集	解深密经

《中国佛学经典宝藏》

华人佛学界顶级专家团队编撰。大陆首次引进简体中文版。
读得懂，买得起，藏得下的"白话精华大藏经"。

星云大师
总监修
"人间佛教"的践行本

《中国佛学经典宝藏》白话版系列丛书，共计132册，由星云大师总监修，大陆、台湾百余专家学者通力编撰而成。

丛书依大乘、小乘、禅、净、密等性质编号排序，将古来经律论中之经典著作，依据思想性、启发性、教育性、人间性的原则，做了取其精华、舍其艰涩的系统整理。每种经典都按原文、注释、译文等体例编排，语言力求通俗易懂、言简意赅，让佛学名著真正做到雅俗共赏；还以题解、源流、解说等章节，阐述经文的时代背景、影响价值及在佛教历史和思想演变上的地位角色。丛书还开创性地收录了一些有代表性的现代读本。

专家推荐

星云大师常常说，佛学不是少数人的专利，它应该是每一个人都能够接触的。这套书推动了白话佛学经典的完成。
——依空法师
佛光山长老，文学博士，印度哲学博士

星云大师对编修《中国佛学经典宝藏》非常重视，对经典进行注、译，包括版本源流梳理，这对一般人去看经典、理解经典的思想，是有帮助的。
——赖永海
南京大学教授，旭日佛学研究中心主任

《中国佛学经典宝藏》精选了很多篇目，是能够把佛法的精要，比较全面地给予介绍。
——王志远
中国社会科学院研究生院导师，中国宗教协会副会长

传统大藏经 VS 中国佛学经典宝藏

第一回合	卷帙浩繁	VS	精华集萃
	普通人阅读没头绪、没精力、看不懂。		星云大师亲选132种书目，提纲挈领，方便读经。
第二回合	古文艰涩 繁体竖排	VS	白话精译 简体横排
	佛经文辞晦涩，多用繁体竖排版：读经门槛高。		经典原文搭配白话精译，既可直通经文，又可研习原典。
第三回合	经义玄奥 难尝法味	VS	专家注解 普利十方
	微言大义，法义幽微，没有明师指引难理解。		华人佛学界顶级专家精注精解，一通百通。

《中国佛学经典宝藏》目录

手机淘宝
扫一扫

深入经藏，智慧如海。

本套佛学经典适合系统的修习、诵读和佛堂珍藏。

咨询电话：尤冲 010-8592 4661

《大乘大义章》，原名《慧远问大乘中深义十八科并罗什答》，又名《鸠摩罗什法师大义》，或名《大乘义章》，中国佛教历史博物馆刊印今人邱槃（希明）校勘本时，改名为《远什大乘要义问答》。全书内容为慧远提出关于大乘要义的若干问题和鸠摩罗什的答述，是这两位大师关于大乘要义的多次书面讨论的结集。

　　慧远，生于东晋成帝咸和九年（公元三三四年），卒于东晋安帝义熙十二年（公元四一六年），寿八十二。或说，卒于义熙十三年，寿八十三。本姓贾，雁门楼烦（今山西省原平县崞阳镇东）人，出身仕宦家庭。他从小便努力学习儒家经典，也博学道家的《老子》《庄子》等书。十三岁时，随舅父令狐氏游学河南许昌和洛阳一带，广采博收，逐渐领会到儒学和玄学的真谛，见识高超，受到人们的赞扬。慧远处于大动荡的时代，生活在后赵石氏政权的辖区，战乱频仍，灾难不断，颠沛流离，生活很不稳定，由此而产生隐逸避世的思想，二十一岁时曾打算随范宣到江东隐居，因为正在战争期间，南路阻塞不通，才没有如愿成行。当时，道安在太行恒山（今河北曲阳县西北）弘扬佛法，慧远便与弟弟慧持投奔道安，出家为僧。

道安（公元三一二—三八五？）是东晋十六国时期的佛教学者和僧团领袖，后来被前秦苻坚迎至长安，是当时佛教高僧，名重天下。道安的佛学思想属于般若学的本无宗，主张万物的本体是"空""无"。慧远也信奉般若学，他的聪敏和勤奋，深受道安的赏识，二十四岁便登坛开讲《般若经》。一次讲经，有位听众对"实相"感到很难理解，反复询问，慧远怎么也难讲清，于是引《庄子》的类似概念解释，听众便明白了。从此，道安特别允许慧远引用佛典以外的书来比附说明佛经，这是慧远融合儒、道、佛思想，把佛学中国化的开端。晋哀帝兴宁三年（公元三六五年），慧远随道安南下到襄阳。道恒在荆州（今湖南、湖北、四川东南、贵州东北、广西、广东北部连县之地）宣传般若"心无"学说，慧远曾参与对道恒的辩论。晋孝武帝太元三年（公元三七八年），前秦围攻襄阳，道安不能出，便分派弟子往各地传教。慧远原打算去罗浮山（今广东东江北岸），太元六年（公元三八一年）路经浔阳（今江西九江市），见庐山幽静秀丽，便定居下来。他先住在西林寺，后来弟子日多，渐渐住不下，江州刺史桓伊才为他建较大的东林寺，此后他就安住于此，直到去世。

在庐山三十多年，是慧远一生最光辉的时期。他修行著述，收徒讲学，化兼道俗，四海同归；约集门人同好，发愿往生西方弥陀净土；派遣弟子到国外取经，组织西来僧人译经；与江州刺史桓伊、镇南将军何无忌、荆州刺史殷仲堪、太尉桓玄、司徒王谧、康乐公谢灵运等东晋上层人士深相往来，维护和广传佛教；建立与鸠摩罗什的友谊，开展南北佛学思想的交流等等。由于这些活动，慧远遂名震一时，庐山自然成为南方佛教的中心，慧远亦成为南方佛教的领袖，而他将佛教教义与中国传统文化相结合的学术思想，则更使他成为中国佛教史上著名的理论家，享有极高的声誉。

鸠摩罗什，祖籍天竺，生于龟兹，死于后秦国都长安。关于他的生卒年月，记载不一。据其弟子僧肇所著《鸠摩罗什法师诔（并序）》的记载，生于东晋康帝建元元年（公元三四三年），卒于东晋义熙九年（后秦弘始十五年，公元四一三年），寿七十。其家世为龟兹国（今新疆库车一带）相，父将嗣相位，辞避出家，东渡葱岭。龟兹王迎为国师，以妹嫁他为妻。鸠摩罗什幼年，其母出家为尼。鸠摩罗什七岁出家，从师受经，曾随母至罽宾（今克什米尔）、沙勒（即疏勒，今新疆喀什一带）、温宿（龟兹西邻）诸国，遍访名师，学习佛典以及佛教以外的各种学问。在沙勒时，放弃小乘立场，专务大乘，声誉鹊起。龟兹王亲自至温宿把鸠摩罗什母子迎归国内。鸠摩罗什回国后，年二十在王宫受具足戒，不久，其母辞往天竺。他开始讲经说法，宣传大乘教义，每年升座说法之际，诸王都长跪座侧，让他提履而上。他的名声很大，道安在前秦、慧远在东晋，都已耳闻。前秦建元十七年，苻坚派吕光率兵西进。建元二十年（公元三八四年），吕光破龟兹，获鸠摩罗什，见他还年轻，强迫他娶龟兹王女为妻，其实这时他已四十一岁。吕光率军回至姑臧（今甘肃武威），听说苻坚已被害，便自立为王，史称前凉。鸠摩罗什在前凉时期，学习了汉语，接触了佛典以外的汉文经史典籍，为他以后大量译经准备了有利条件。

后秦弘始三年（公元四〇一年），后秦皇帝姚兴打败后凉，迎请鸠摩罗什至长安，待以国师之礼，鸠摩罗什时年五十八岁。姚兴把他安置在草堂寺（传即今陕西户县东南圭峰山下的草堂寺），请他译经说法。从此时起至其圆寂，他在十一年多的时间内，共译佛经三十五部二百九十四卷，是中国佛教史上与真谛、玄奘、不空并称的四大译经家之一。他所译的佛教典籍，对中国佛教义学的形成有极大的影响，是各学派和宗派开宗立派的重要依据。如《成实论》是成实学派（或成实宗）的主要经典，《中论》《十二门论》《百论》是三论学派（或三论宗）的主要经典，《法华经》是天台宗的主要经典，《阿弥陀经》是净土宗的主要经典之一，《弥勒成佛经》和《弥勒下生经》是弥勒信仰的经典，《坐禅三昧经》是安世高以来第一部大乘禅法经典，《十诵律》是第一部完备的汉译小乘戒律，《金刚般若经》对禅宗曾有较大的影响，而大小品《般若经》的重译和《大智度论》的新译，由于译文明白流畅，使大乘般若学说能够广泛传播，成为各学派、宗派共同的理论来源。

鸠摩罗什桃李满天下。参与译经的弟子达五百人或八百人，听法受学的弟子更多至两三千人。他们后来分赴大江南北，对中国佛教学派的形成起了很大作用，如僧肇、竺道生、昙影、僧导、道融等，都很有成就。

鸠摩罗什被迎至长安不久，慧远便派弟子昙邕投书问候鸠摩罗什，并赠以袈裟和漉水囊（一种法物）。鸠摩罗什即致答书，称慧远为东方"护法菩萨"，表达了景仰之情，并赠偈一章，又回赠以鍮石双口澡罐。其后，慧远闻鸠摩罗什有回国打算，即致书将他比作满愿

（即富楼那，佛十大弟子之一，说法第一）、龙树，报偈一章，其中说："时无悟宗匠，谁将握玄契？来问尚悠悠，相与期暮岁"，深表挽留，并提出若干佛学问题请益，鸠摩罗什一一回答。后人将他们之间关于佛学的问答收辑成集，便是这本《大乘大义章》。

南北朝梁朝僧祐所撰《出三藏记集》，收宋朝陆澄《法论目录》，其中录有鸠摩罗什应庐山慧远之问而作回答的文书十八项，今本《大乘大义章》也是十八章，但略有不同。今本中《问答受决》《问答造色法》两章，《法论目录》中没有。《法论目录》中的《问法身非色》，不见于《大乘大义章》。《大乘大义章》中《问遍学》一章，《法论目录》分为《问遍学》《重问遍学》两项。所以，虽然有出入，都是十八项。又《法论目录》中的《问四相》，只说慧远问，而不说鸠摩罗什答，但《大乘大义章》中载有。

今本《大乘大义章》三卷共十八章，二十七则问答，总计近四万字。这里，不分卷，选取其中十四章，二十三则问答，共三万字，反映了原书的主要内容。原书各章没有序号，这里按原书各章次序标出所选各章的应有序号，以便查检。

本书所讨论的问题很广泛，涉及大乘要义的各个方面，但中心问题是法身观、色法观、法性观及大小乘观。围绕这些要旨，两位大师各自阐发自己的观点。佛教传入中国已有四百年，在鸠摩罗什看来，中国僧人对佛教义理缺乏真正的理解，往往臆解佛义，甚至对一些名词概念，也有所歪曲，不合原意。他在回答之中，从大乘与小乘对名词概念的不同解释，到宇宙万物的生成、法身的实质、涅槃实相之理、以至大乘与小乘的异同等问题，都按大乘佛教中观学派的观点作了介绍和发挥。实际上比较全面地介绍了印度佛教的基本理论，特别是宣传了中观学派的空观。慧远具有中国传统文化的深厚修养，他从玄学立场来理解印度佛学，往往感到迷惑不通。他提出的问题，有的属于不懂而求答性质，有的则是批评。因此，鸠摩罗什和慧远两位大师的讨论，实际上也是中印两国佛学思想一次重要的交流和撞击。

到东晋之时，佛教的中国化正在酝酿之中。南北佛教的两大领袖，也是中印佛学思想两大代表之间的直接讨论，自然推动了佛教中国化的进程，是佛教中国化过程上的一个里程碑，对日后产生了深远的影响。

这里所选的十四章，包括了讨论的全部主要问题。未选的四章，是第三章《次问答法身像类》、第五章《次问答三十二相》、第八章《次问答法身佛尽本习》及第十二章《次问答四相》。这四章的内容，都是关于法身观和色法观的。

第三章《次问答法身像类》中，慧远认为，众经所说佛的形像，实际上是以转轮圣王为范式的和尚像，难道佛的真法身像就是这样的吗？

鸠摩罗什回答说："佛身者，无方之应。"意思是说，佛的法身没有定相，随众生的感应而现不同之形，甚至同时在千万国土以千万种形像化现，是不可思议的。

第五章《次问修三十二相并答》中，慧远进一步问：佛有三十二相，如是在生死轮回之身时修得，普通人没有这种能力；如是在法身时修得，法身没有身业、口业，怎么能够修得？

鸠摩罗什直截了当地回答说："法身可以假名说，不可以取相求。"意思是说，法身只是假说，其实没有，当然也就不能说有什么形像。为什么呢？因为小乘以佛法为身，即所谓法身，乃是佛法的人格化。佛法佛理，何来三十二相？按大乘说法，七地菩萨，灭诸烦恼，已脱离三界，没有生死轮回之身，但也不入涅槃，而是入于世间度化众生，这时之身，称为法身。这种法身，不止一身，而是可以有无量身，并且都虚幻不实：

"从法身以后，所受之身，如幻、如镜中像。"

"佛法离一相故，无决定真身；离异相故，无决定粗身（肉身）。"

不但众生所见菩萨法身虚妄不实，众生所见佛的法身虚妄不实，即使"诸佛所见之佛，亦从众缘和合而生，虚妄非实，毕竟性空，如同法性"。

既然法身虚妄不实，便无所谓三十二相，也无所谓修三十二相，说修三十二相，不过为了引导众生修习佛法而已。

第八章《次问法身佛尽本习并答》中，慧远问：《大智度论》说佛已断一切烦恼，又说七地菩萨得清净法身，烦恼已尽，直到成佛，才除尽残余的习气，法身菩萨究竟是否已断尽烦恼？

鸠摩罗什回答道：说法身菩萨已断烦恼，指的是已断三界凡夫烦恼；说不断烦恼，指的是法身菩萨还有菩萨细微烦恼，即残余的烦恼习性，到成佛时才能灭尽。这二说都对。

第十二章《次问四相并答》。佛家把受因缘条件制约的现象称为有为法，有为法的特点是有生、住、异、灭，叫作有为四相。小乘的一切有部认为，"生、住、异、灭"四相中任何一相发生时，都会具有"生、住、异、灭、生生、住住、异异、灭灭"八法，使"四相"具有有为法的性质，而生生、住住、异异、灭灭这后四相中任何一相发生时，则只有"生、住、异、灭"四相中相应的一相与之发生作用，如生生发生时，只有生与之发生作用。一切有部这种逻辑不清晰的论述，本来是要证明四相是实在的，"生"是世界万物产生的本原。《大智度论》则证明"生"还需要"生"，即使追溯到无穷，也找不到最初的"生"。于是，慧远惶惑了，要求解答。

鸠摩罗什认为，四相八法，是小乘的戏论，不是佛说，由此自然造成各种逻辑上的混乱，不能自圆其说。其实，佛说众缘和合，名为生；众缘离散，名为灭；中间的变化，名为住、异。一切现象都生、住、异、灭，都是无常，由此引导众生厌离世间，哪里有什么作为万物本原的实在的"生"呢？有的小乘经已指出，生、住、异、灭，只有名字，无有定相。大乘则认为，"生"是毕竟空，如同梦幻。鸠摩罗什总结道："一切法无生无灭，断语言道，灭诸心行，同泥洹相。"

以上是未选四章的概况。这四章的基本观点，在其他十四章中都有阐述，所以，未再选入。

鸠摩罗什和慧远都是当时知识非常渊博的学者，他们的论述，不仅是大乘佛教的教义，也有小乘的以至外道的观点；不仅是佛学，也涉及到玄学以至儒家、道家。再者，双方也许出于礼貌，彼此说话都很委婉含蓄，特别是鸠摩罗什，他站在中观学派的立场，不作定说，或者旁敲侧击，或者当作一种语言假说解释，关键之处论述并不明确。复次，他们毕竟是一千五百多年前的学者，对于某些问题的观点，例如对于物质构成、宇宙起源等的观点，是一种经验性的古老观点，对于今天具有科学知识的一般读者来说是很陌生的，不容易作解释。虽然如此，其中仍充满与空相应的甚深智慧，值得读者细细揣摩。最后，原书流传至今，脱漏错讹在所难免，虽经校对，仍有难明之处，不好妄断。由于这些原因，翻译和注解都颇有难度。为了便利读者，译文中按译者的理解增加一些字句。笔者学力不足，恐难传达出两位大师的深意，敬请读者指正。好在有原文可以参照，当然应以原文为准。

本书以《大正藏》的《鸠摩罗什法师大义》为底本。参校本为日本京都东山禅林寺所藏本（见日本木村英一编《慧远研究·遗文篇》）、中国佛教历史博物馆邱棨校勘本。

经典

1 第一章 初问答真法身

远问曰：佛于法身中为菩萨说经，法身菩萨乃能见之①，如此则有四大②五根③。若然者，与色身④复何差别，而云法身⑤耶？经云："法身无去无来，无有起灭，泥洹⑥同像。"云何可见，而复讲说乎？

什答曰：佛法身者，同于变化⑦，化无四大五根。所以者何？造色之法⑧，不离四大。而今有香之物，必有四法：色、香、味、触⑨；有味之物，必有三法：色、味、触；有色之物，必有二法：有色有触；有触之物，必有一法，即触法也。余者，或有或无，如地必有色、香、味、触，水有色、味、触；若水有香，即是地香。何以知之？真金之器，用承天雨，则无香也。火必有触，若有香者，即是木香。何以知之？火从白石出者，则无香也。风但有触，而无色也。若非色之物，则异今事，如镜中像、水中月，见如有色，而无触等，则非色也。化亦如是。法身亦然。

又，经言法身者，或说佛所化身，或说妙行法性生身⑩。妙行法性生身者，真为法身也。如无生菩萨，舍此肉身，得清净行身⑪。

又如，《法华经》说："罗汉受记⑫为佛。"《经》复云：罗汉末后之身⑬。是二经者，皆出佛口，可不信乎？但以罗汉更不受结业形⑭故，说言后边耳。譬如法身菩萨⑮，净行生故，说言作佛。如是佛事，虽皆是实，而有参差，有真有伪。真法身者，遍满十方虚空法界⑯，光明悉照无量国土，说法音声常周十方无数之国，具足十住菩萨⑰之众，乃得闻法。从是佛身方便现化，常有无量无边化佛遍于十方，随众生类若干差品而为现形，光明色像，精粗不同。

如来真身，九住菩萨尚不能见，何况惟越致⑱及余众生？所以者何？佛法身者，出于三界⑲，不依身、口、心行，无量无漏⑳诸净功德本行所成，而能久住，似若泥洹。真法身者，犹如日现，所化之身，同若日光。如《首楞严经》，灯明王佛寿七百阿僧祇劫㉑，与此释迦同，是彼一身，无有异也。若一佛者，此应从彼而有。法性生佛所化之佛，亦复如是。

若言法身无来无去者，即是诸法实相^㉒，同于泥洹，无为无作。又云，法身虽复久住，有为之法^㉓，终归于无，其性空寂。若然者，亦法身实相，无来无去。如是，虽云法身说经，其相不生不灭，则无过也。

远领解曰：寻来答要，其义有三：一谓法身实相无来无去，与泥洹同像；二谓法身同化，无四大五根，如水月、镜像之类；三谓法性生身，是真法身，能久住于世，犹如日现。此三各异，统以一名，故总谓法身。而传者未详辨，徒存名而滥实故，致前问耳。君位序有判，为善。

注释

①《大智度论》卷三十说：法身佛常放光明常说法，众生罪重，故不见不闻。心如清净，便能见佛。《大智度论》卷三十八，分菩萨为二种：一种为生身菩萨，指烦恼未尽，或离欲而得五神通之菩萨；一种为法身菩萨，指烦恼断尽而得六神通之菩萨。

②**四大**：佛教认为，地、水、火、风为构成宇宙万物的基本元素，称为"四大"。

③**五根**：指眼根、耳根、鼻根、舌根、身根，相当于人身五种感觉器官。

④**色身**：也称肉身、生身，即物质构成的肉体之身、生死之身。

⑤**法身**：与色身相对而言，即佛法的人格化。另外，也代表真如法性所生的境界。本书《次重问法身并答》中，鸠摩罗什解释了大小乘的法身含义，请参看。

⑥**泥洹**：泥洹即涅槃，梵文的音译，西晋无罗叉译《放光般若经》时译为泥洹，鸠摩罗什在《摩诃般若波罗蜜经》中译为涅槃。意译为灭、灭度、圆寂，指的是息灭一切烦恼所达到的精神境界，为佛教修习所追求的最高理想。《放光般若经》卷二十指出，泥洹不起不灭。《摩诃般若波罗蜜经》卷二十七指出，佛法身无来无去。《大智度论》卷十八指出，佛、般若及涅槃，三者一相，其实无有异。

⑦**佛法身者，同于变化**：佛、菩萨的神通力，能转换旧形，称为变；无而忽有，称为化。

⑧**法**：是含义相当复杂的概念，通常有两种用法：一是指佛的教法、佛法，即佛教真理；二是指成分、现象、事物。"造色之法"的法，是成分的意思。造色之法，即形成物质的成分。

⑨**色、香、味、触**：此处的色，指眼根所识别的对象，包括三大类：一形色，即表形的对象物，分长、短、方、圆、高、下、正、不正八种；二显色，即呈

现出颜色的对象物，分青、黄、赤、白、云、烟、尘、雾、影、光（如日）、明（如月、星）、暗十二种；三表色，即表相状的对象物，分取舍、屈伸、来去、坐卧等。香，指鼻根所识别的对象，即鼻子可嗅的气味，分好香、恶香、等香（有养生功效的）和不等香（没有养生功效的）四种。味，指舌根所识别的对象，分甘、酸、咸、辛、苦、淡六种。触，指身根所识别的对象，分地性、水性、火性、风性、滑性、涩性、重性、轻性、冷、饥、渴十一种。《成实论·第三十六品》说："地、水、火、风，因色、香、味、触故成四大。"所以，这里分析香、味、色、触。

⑩ **妙行法性生身**：《大智度论》谈佛身，有法性生身与随世间身、真身与化身、法身与色身三种相对应的提法。这里的妙行法性生身，当即法性生身、真身、法身。

⑪ **清净行身**：即法性生身、妙行法性生身。下文说"譬如法身菩萨，净行生故，说言作佛"，可知。

⑫ **受记**：又称受莂、受决，从佛接受将来必当成佛的记别。《法华经·五百弟子受记品》说，五百阿罗汉受记为佛。

⑬ **末后之身**：《法华经·方便品》："是诸比丘、比丘尼，自谓已得阿罗汉，是最后身究竟涅槃。"这里的

末后之身，即最后身。

⑭**罗汉更不受结业形：** 烦恼结缚众生，不使解脱，称为结。由烦恼而造作善恶之业，称为结业。由结业而在三界生死苦海中流转之肉体身形，称为结业形。阿罗汉为声闻乘中最高的第四果，已断一切烦恼，灭绝生死，此身为最后身，不更受生。

⑮**法身菩萨：** 即无生菩萨，证得无生法忍的菩萨，称为法身菩萨。这些菩萨已断除一切烦恼障，不受后有，因此得清净行身。这个清净行身不是肉体所成，因此称为妙行法性生身。由此可知"无生"一方面代表"无生无灭"的"空性智慧"；一方面代表"不再转世"的"无取涅槃"。只有七地以上的大菩萨才有这些能耐，这些菩萨也称为"阿惟越致"菩萨，意即"不退转"菩萨。

⑯**十方虚空法界：** 天地，东、南、西、北四方，以及东南、东北、西南、西北四隅，称为十方。虚空，指无障碍的空间。法界，泛指各种现象，也总指感觉和思维的对象，相当于世界一词，见《俱舍论》卷一。又，法界指现象的本原、本体，尤其指成佛的原因，与真如、法性、实相等概念的性质相同，如《辩中边论》卷上、《成唯识论》卷二等所说。这里的法界一词，相当于世界。十方虚空法界，意思是遍于十方虚空的整个

世界。

⑰**十住菩萨**：十住，或称十地，指佛教修行过程的十个阶位，常见的有三乘十地及大乘菩萨十地两种说法。这里指的是大乘菩萨十地：一欢喜地（也称极喜地、喜地），初证圣果，悟我、法二空，能益自、他，生大欢喜；二离垢地（也称无垢地、净地），远离能起任何犯戒的烦恼，使身心无垢清净；三发光地（也称明地、有光地），成就殊胜之禅定，发出智慧之光；四焰胜地（也称焰慧地、焰地），使慧性增胜；五难胜地（也称极难胜地），令俗智与真智合而相应，极难做到；六现前地（也称现在地、目见地），由缘起之智，引生无分别智，令最胜般若现前；七远行地（也称深行地、深入地），住于无相行，远离世间二乘；八不动地，无分别智，任运相续，不为一切事相烦恼所动；九善慧地（也称善哉意地、善根地），成就四无碍解，具足十力，能遍行十方说法；十法云地，成就大法智，具足无边功德，法身如虚空，智慧如大云。见《华严经》卷二十三、《成唯识论》卷九等。这里所说的具足十住菩萨，指最高的第十地法云地菩萨。

⑱**惟越致**：梵文的音译，也译为鞞跋致，意译为退转。菩萨不能保持其所修得的地位而退失转变，称惟越致。不会退转的，称阿惟越致。见《十住毗婆娑论·阿

惟越致相品》。此处惟越致菩萨是指"会"退转的菩萨，而不是已经退转的菩萨，所以是指七地以下的菩萨。

⑲三界：欲界、色界、无色界，称为三界，即世俗世界。

⑳无漏：漏是烦恼的异名。种种烦恼不停地从眼、耳、鼻、舌、身、意六根漏泄流注，所以称为漏。离开烦恼的清净法称为无漏。见《俱舍论》卷二十。

㉑灯明王佛寿七百阿僧祇劫：灯明王佛，《法华经》称日月灯明佛，《首楞严三昧经》称照明庄严自在王如来，《大智度论》称神通遍照佛。此佛光明，在天如日月，在地如灯。过去世有二万日月灯明佛同名，相继出世说《法华经》，见《法华经·序品》。阿僧祇，梵文的音译，印度数目名，以万亿为兆，一阿僧祇为一千万万万万万万万万兆。劫，梵文的音译劫波之略称，意译为长时。劫有多种，二十小劫为一中劫，四中劫为一大劫。大略计算，约一千六百万年为一小劫，三十二亿年为一中劫，一百二十八亿年为一大劫。灯明王佛寿七百阿僧祇劫，这个寿命是一个十分庞大的数字。

㉒诸法实相：本书《次问如、法性、真际并答》中，鸠摩罗什指出："断一切语言道，灭一切心行，名为诸法实相。"《大智度论》卷九十九说："诸法实相即

是佛。"所以，诸法实相便是真如、法性、佛。

㉓**有为之法**：有为法，与无为法相对而言，泛指一切由因缘和合所为、有生灭变化的现象，又称缘起法。见《俱舍论光记》卷五。

译文

慧远问道：佛的法身为众菩萨说法，只有法身菩萨才能见到。既然可以见到，便是有形体的，应当有四大五根。如果有四大五根，那么，法身和色身有何差别，而叫法身呢？经说："法身无来无去，无有起灭，和涅槃一样。"既然和涅槃一样，为什么还要说法身可见呢？

罗什答道：佛的法身，和神通变化一样，神通变化没有四大五根，法身也没有四大五根。为什么呢？因为构成万物的成分，都离不开四大。四大可以再分析为色、香、味、触。以有香之物来说，必定有色、香、味、触四种因素；有味之物，必定有色、味、触三种因素；有色之物，必定有色有触；有触之物，必定有一种因素，那就是触。可见在色、香、味、触四种因素中，最重要的是触。其余物质性的东西，可以有色、香、味、触四种中的几种或一种，也可以没有某一种或几种，但必定都有触。如地必定有色、香、味、触，水必定有色、味、触，而没有香；如果水有香，便是地香。何以见得呢？因为用真金的器皿承接天雨，金器中的水是不会有香的。火必定有触，而没有香，如果有香，便是木香。何以见得呢？因为从白石中冒出来的火，就是没有香的。风只有触，而没有色。这就是说，物质东西都必定有触，如果是非物质东西，便不一样了，如镜中之像、水中之月，可以看见，好像有色，其实，没有触与香、味，所以，不是物质东西，没有四大五根。神通变化也是这样的。法身也是这样。

又，经中谈法身的，或者说是佛所化身，或者说是妙行法性生身。妙行法性生身，便是真法身。比如，得无生法忍的菩萨，舍去肉身，得到的清净行身，就是妙行法性生身。

又如，《法华经》说："罗汉受记，将来定当成佛。"《经》中也说：罗汉末后之身。这两经都出于佛口，能不信吗？那种由烦恼之业而成的生死肉身，罗汉已不再受，所以说罗汉之身是后边身。又，比如法身菩萨，因净行而生，将来成佛。像罗汉之身、法身菩萨之身，都是成佛之路上的修行所得，都是佛事，当然都是实在的，只不过有等级高低的差别，而且有真有伪，都比不得佛的真法身。佛的真法身，充满十方虚空法界，光明遍照无量国土，说法的音声常遍达十方无数之国，只有圆满具足十住功德的众菩萨，才能听到佛的说法。佛的这个真法身，方便化现为无量无边的变化身，便是化佛，化佛遍于十方，随各类众生品级的不同而化现为不同的佛身，光明色像有精有粗。

至于佛的真法身，九住菩萨尚且不能见，何况会退转菩萨及其余众生？为什么只有十住菩萨才能见到呢？这是因为佛的法身已超出三界，不是按照一般人身、口、意三业所受的果报身，而是无量的无漏清净功德修行所成，因而能够久住，如同涅槃一样。佛的真法身，好像太阳出现，而所化之身，则像是洒遍十方的阳光。《首楞严经》说，灯明王佛之寿为七百阿僧祇劫，和现在的释迦佛相同。这话说明，因为都是一样的佛身，因此寿命也都是一样的，没有什么不同。所以如果可以与佛等同，便可跟佛一样，具有佛的寿命。法性生佛所化现之佛也是这样的，既然化佛是法性生佛所化，也是佛，当然便与法性生佛一样，能够久住。

您谈到法身无来无去，其实是说的诸法实相，同涅槃一样，无为无作。有的经书说，法身虽能久住，仍然属于生灭变化的有为法，虚幻不实，最终毕竟成为无，而其性本自空寂。这里说的也是诸法实相，无来无去。诸法实相，本性空寂，似乎无所不在而实无所在，似乎无所不作而实无所作，似乎有来有去而实无来无去。法身既然便是诸法实相，也就可以认为法身似乎有而实无有，似乎说法而实不说法。在这个意义上，认为佛的法身说经，却又说其相不生不灭，也没有什么错误。

对于罗什的解答，慧远谈体会说：探求来答的要点，法身有三种含义：一、法身便是诸法实相，无来无去，与涅槃一样；二、法身和神通变化一样，没有四大五根，如水中月、镜中像之类；三、法性生身是真法身，能久住于世，犹如光辉的太阳。这三种含义虽然各不相同，但可以用一个名词统一起来，总称为法身。由于传译经文的人没有详细分辨，只传来法身之名而说不清实际内容，以至引出我前面所提的问题。您说得明白而准确，解答得好。

2 第二章　次重问法身并答

远问曰：法身实相，无去无来。般若经中，法上菩萨答常悲[①]，已有成观。又，法身同化，如镜像之类，方等诸经[②]引喻言，日月宫殿[③]不移，而光影现于江河。此二条，是所不疑。

今所问者，谓法性生身，妙行所成。《毗摩罗诘经·善权品》云：如来身者，法化所成[④]。来答之要，似同此说。此一章所说列法[⑤]，为是法性生身所因不？若是前因者，必由之以致果。问：致果之法，为与实相合不？若所因与实相合，不杂余垢，则不应受生。请推受生之本，以求其例。

从凡夫人，至声闻得无着果[⑥]最后边身，皆从烦恼生，结业所化也。从得法忍菩萨⑦受清净身，上至补处大士⑧坐树王下取正觉者⑨，皆从烦恼残气生，本习余垢之所化⑩也。自斯以后，生理都绝。夫生者，宜相与痴⑪言。若大义所明，为同此不？若同此，请问所疑：得忍菩萨，舍结业受法性生身时，以何理而得生耶？若由爱习之残气，得忍菩萨烦恼既除，着行亦断，尚无法中之爱⑫，岂有本习之余爱？设有此余，云何得起，而云受身？为实生为生耶，不生为生乎？若以不生为生，则名实生，便当生理无穷⑬。若以生为生，则受生之类，皆类有道⑭。就令法身菩萨以实相为已住，妙法为善因，至于受生之际，必资余垢以成化。但当抚之，以论所有理耳。

今所未了者，谓止处已断，所宅之形，非复本器。昔习之余，无由得起。何以知其然？烦恼残气，要从结业后边身生。请以效明之。向使问舍利弗⑮，常禅定三昧⑯，声色交陈于前，耳目无用，则受淡泊而过。及其任用，暂过鼻眼之凡夫⑰，便损虚大业，失觉支⑱想。所以尔者，由止处未断，耳目有所对故也。至于忘对，犹尚无用，而况绝五根者乎？此即烦恼残气，要由结业五根之效也。假使慈悲之性，化于受习之气，发自神本，不待诸根，四大既绝，将何所构，而有斯形？阴阳之表，岂可感而成化乎？如其不可，则道穷数尽，理无所出。水、镜之喻，有因而像，真法性生，复何由哉？

什答曰：后五百岁^⑲来，随诸论师，遂各附所安，大小判别。小乘部^⑳者，以诸贤圣所得无漏功德，谓三十七品^㉑及佛十力^㉒、四无所畏^㉓、十八不共^㉔等，以为法身；又以三藏经^㉕显示此理，亦名法身。是故天竺^㉖诸国皆云：虽无佛生身，法身犹存。大乘部^㉗者，谓一切法无生无灭，语言道断，心行处灭，无漏无为，无量无边，如涅槃相，是名法身。及诸无漏功德，并诸经法，亦名法身。所以者何？以此因缘，得实相故。又，大乘法中，无决定分别是生身是法身。所以者何？法相毕竟清净故。而随俗分别，菩萨得无生法忍，舍肉身，次受后身，名为法身。所以者何？体无生忍力，无诸烦恼，亦不取二乘证^㉘，又未成佛，于其中间，所受之身，名为法性生身。

然诸论师，于此法身，而生异论。

如《自在王经》^㉙说：佛告自在王菩萨，我于燃灯佛^㉚时，通达四自在^㉛，即于尔时，已得佛道，后入于涅槃，是吾末身也。自在菩萨言：若尔时得涅槃者，从是以来，复何所作？佛言：自利已办，但为教化众生，净佛国土，具足诸神通力威德故。以此因缘，可知身分虽尽，常以化身，度脱众生。

或言，是事不然。所以者何？若尔时得涅槃实道者，身分都尽，又无心意，云何能现化五道^㉜，度脱众生，净佛土耶？譬如，实有幻师，然后能幻事，若无幻师，则无幻事。是故，菩萨得无生法忍，虽无烦恼，应有余习^㉝，如阿罗汉成道时，诸漏虽尽，而有残气。但诸罗汉于诸众生中，无大悲心，诸有余习，更不受生。而菩萨于一切众生深入，大悲彻于骨髓，及本愿力^㉞，并证实际^㉟，随应度众生，于中受身，存亡自在，不随烦恼。至坐道场^㊱，余气乃尽，若不尔者，佛与菩萨，不应有别。

或言，得无生法忍菩萨有二：一者，得五神通^㊲；二者，具六神通。得五神通者，烦恼成就，但不现前，如人捕得怨贼，系之在狱，不能为患。如是诸菩萨，无生忍力故，制诸烦恼，永不复生，但以清净心，修六波罗蜜^㊳功德。如凡夫人，成就三界烦恼，上二界烦恼，不现在前，虽有烦恼，无所能为。住五神通，种种现化，度脱众生，故留余结，续复受生。若无残结，则无复生。犹如责米，故留谷种^㊳。渐渐具足六波罗蜜，教化众生、净佛国土，乃坐道场，舍烦恼结，然后成佛。具六神通者，所作已办，自利已足，如阿罗汉、辟支佛^㊵，无复异也。此身尽已，更不受生。但以本愿大悲力故，应化之身，相续不绝，度众生已，自然成佛。所度既毕，自然而灭。先是实灭，以汲引众生故，变化其身，今复示其都灭。

又，三藏论师^⑪：菩萨虽得六神通，不尽诸漏。行四无量心^⑫，生色界中，乃至末后身，生罗睺罗^⑬。于尼连禅河^⑭浴，为大水所漂，力不能制。嫌愤五人，舍我而去^⑮。坐道场时，以十六心^⑯，得阿那含^⑰；以十八心^⑱，断无色界结；以三十四心^⑲，破一切烦恼，得一切智^⑳，成佛已具受人法饥、渴、寒、热、老、病、死等。虽心得解脱，身犹有碍，但以一切智慧大悲心为胜耳。

注释

①**常悲**：菩萨名。梵文音译萨陀波仑，意译为常悲、常啼、普慈，能到众香城闻说般若。例如鸠摩罗什所译《摩诃般若波罗蜜经·法尚品》："尔时，昙无竭菩萨摩诃萨语萨陀波仑菩萨言，善男子，诸佛无所从来，去亦无所至。何以故？诸法如不动相，诸法如即是佛。善男子，无生法无来无去，无生法即是佛。无灭法无来无去，无灭法即是佛。"这里所说的昙无竭，为梵文的音译，意译为法上、法尚、法盛、法勇、法起、法来、法生，菩萨名，在众香城中为王，常宣说般若波罗蜜。

②**方等诸经**：即大乘诸经，大乘佛理方正平等，所以称为方等。

③**日月宫殿**：佛教称太阳为日天子，月亮为月天子，所住为日宫殿、月宫殿。

④《毗摩罗诘经》为《大智度论》中所说的经名，三国吴支谦所译名《维摩诘经》，鸠摩罗什重译名《维摩诘所说经》，其实是同一本经。支谦译此经《善权品》，罗什作《方便品》。《方便品》中说："佛身者即法身也，从无量功德智慧生……从如是无量清净法生如来身。"这里的意思是说，如来法身为佛法所成。

⑤《维摩诘所说经·方便品》列举成佛的方法和途径有：戒、定、慧、解脱、解脱知见、慈、悲、喜、舍、布施、持戒、忍辱柔和、勤行精进、禅定解脱三昧、多闻智慧诸波罗蜜。

⑥**声闻得无着果**：声闻乘中的最高果位为阿罗汉，旧译为无着果，意为没有贪着的果位。见《出三藏记集》卷一。声闻，意思是闻佛陀说教而悟解之人，原指佛在世时的弟子。后来，大乘佛教立三乘之说，即声闻乘、缘觉乘、菩萨乘，称声闻乘、缘觉乘为小乘，菩萨乘为大乘。声闻乘指那些只求个人解脱的修行者。

⑦**得法忍菩萨**：法忍，或称无生法忍、无生忍、无生忍法。诸法无生（无灭），观此无生之法，破生灭之烦恼，信忍安住于无生无灭之理而不动，称为得法忍。七地以上菩萨为得法忍菩萨，见《仁王经》。《大智度

论》卷十二：菩萨得无生法忍，舍肉身得法身。另外，请参考第一章注⑮。

⑧**补处大士**：前佛既灭以后，补其位而成佛的菩萨，称为补处菩萨，或称补处大士，即候补佛。在此为"一生补处大士"的简称，直译为"最后之轮回者"，谓经过此生，来生定可在世间成佛。

⑨**坐树王下取正觉者**：树王即树中之王，此处指菩提树。释迦牟尼佛在菩提树下盘腿静坐，沉思默想七日七夜，终于得无上正等正觉而成佛。

⑩**烦恼残气生，本习余垢之所化**：烦恼残气，又称烦恼习，指已断尽烦恼，但还有不随智慧的身业、口业，似乎还是由烦恼所起。如从香器中取走香，香气仍在。因为还是由烦恼所起，所以叫烦恼残气。因为实际上是原来烦恼的残余，所以说是本习余垢之所化。参阅《大智度论》卷二、卷二十七。

⑪**痴**：即无明，按十二因缘理论，无明为造成生死的始因。所以说，谈生，就应该牵涉到无明。

⑫**法中之爱**：爱有二种：一、欲爱，为凡夫的爱着；二、法爱，爱涅槃及菩萨未断法执而爱乐善法。法爱又称顺道法爱、善法欲。《摩诃般若波罗蜜经·劝学品》："舍利弗问须菩提：云何名菩萨生？须菩提答舍利弗言：生名法爱。舍利弗言：何等法爱？须菩提言：菩

萨摩诃萨行般若波罗蜜，色是空受念着，受想行识是空受念着，舍利弗，是名菩萨摩诃萨顺道法爱生。"

⑬**若以不生为生，则名实生，便当生理无穷**：这一句不好理解。因为前面把不生与实生相对而言，则这一句中不应又把不生名为实生。按照前后文意，"则名实生"应为"则不名实生"，意思是说，如果以不生作为生，那就不叫实生，不生自然不死，所以，这种不生之生，便是永恒无穷之生。

⑭**有道**：指法性生身菩萨。

⑮**舍利弗**：人名，释迦牟尼佛十大弟子之一，号称智慧第一。

⑯**禅定三昧**：指集中精神，观想特定对象而获得佛教悟解或功德的思维修习活动。三昧，梵文的音译，又译为三摩地、三摩提，指的是专心默想，使心定于一境而不散乱的精神状态，所以意译为定。实际上，三昧即禅定。《大智度论》卷二十八："一切禅定，亦名定，亦名三昧。"

⑰**暂过鼻眼之凡夫**：意思应是鼻眼攀缘外境，即堕凡夫。

⑱**觉支**：觉，觉悟、觉了；支，品类。通常说七觉支，即达到佛教觉悟的七种途径，指的是：念觉支，于境明记不忘；择法觉支，根据佛理观察得失，辨别是

非、真伪、善恶；精进觉支，努力修善，坚持不懈；喜觉支，因悟善法，于意适悦；轻安觉支，也称猗觉支，因断除烦恼，身心调畅；定觉支，心注一境，思悟佛法；舍觉支，舍弃一切分别，平等寂静，心无偏颇。见《杂阿含经》卷二十六。

⑲ **后五百岁**：原文为"后后五百岁"，其中一个"后"为衍字。后五百岁，应指佛灭后五百岁，《大智度论》卷四十四说："佛知五百岁后，学者分别诸法相各异"，可见。

⑳ **小乘部**：部，原义是"说"。小乘的乘，意思是乘载（如车、船）或道路。一世纪左右，大乘佛教兴起，称原始佛教和部派佛教为小乘，只求个人解脱；而自称大乘，声称自己能运载无量众生从生死大河之此岸达到菩提涅槃之彼岸，成就佛果。学术界沿用大小乘的名称，并无褒贬之义。这里所说的小乘部，意思是小乘之说。

㉑ **三十七品**：又称三十七道品、三十七菩提分、三十七觉支，指达到成佛的觉悟，证得涅槃的七类三十七项途径，即四念处、四正断（四正勤）、四神足（四如意足）、五根、五力、七觉支、八正道。见《大智度论》卷十九（大正二十五·页一九七中）。

㉒ **佛十力**：指佛的十种智力：一知觉处非处智力、

二知三世业报智力、三知诸禅解脱三昧智力、四知诸根胜劣智力、五知种种解智力、六知种种界智力、七知一切至所道智力、八知天眼无碍智力、九知宿命无漏智力、十知永断习气智力。见《大智度论》卷四十八（大正二十五·页四〇七上）。

㉓**四无所畏**：为一切智无所畏、漏尽无所畏、说障道无所畏、说尽苦道无所畏。见《大智度论》卷四十八（大正二十五·页四〇七上、中）。

㉔**十八不共**：指佛的十八种功德法，限于佛而不共于其他二乘菩萨，所以称为不共法，其内容为：身无失、口无失、念无失、无异想、无不定心、无不知已舍、欲无灭、精进无灭、念无灭、慧无灭、解脱无灭、解脱知见无灭、一切身业随智慧行、一切口业随智慧行、一切意业随智慧行、智慧知过去世无碍、智慧知未来世无碍、智慧知现在世无碍。见《大智度论》卷二十六（大正二十五·页二四七中）。

㉕**三藏经**：经、律、论三者，各包藏文义，所以称为三藏。按《大智度论》卷一〇〇所说，三藏经指小乘的经、律、论，而大乘则为别处所结集，单名摩诃衍藏。这里所说"三藏经"，是按《大智度论》的说法，指小乘的经、律、论。

㉖**天竺**：印度的古译名。

㉗**大乘部**：即大乘之说，这里说的是以龙树为代表的中观学派观点。

㉘**不取二乘证**：二乘，指声闻乘、缘觉乘。由于发愿要普度众生，即使自身的觉悟已达到佛的境地，可以证入涅槃，也不像二乘那样去证入，这叫不取二乘证。

㉙**《自在王经》**：自在王，即大自在天，居于色界之顶。《自在王经》为《自在王菩萨经》的略称。

㉚**燃灯佛**：或作然灯佛，传为释迦牟尼佛以前之佛，释迦从他受记为佛。

㉛**四自在**：指一戒、二神通、三智、四慧。见《自在王菩萨经》卷上。

㉜**五道**：地狱道、饿鬼道、畜生道、人道、天道，称为五道。后来犊子部北道派于第四位加阿修罗为六道。

㉝**应有余习**：所据为《大智度论》。该书卷七十三："阿鞞跋致菩萨得无生法忍时，断诸烦恼，但未断习。"

㉞**本愿力**：菩萨在修行之中发出誓愿，将来成佛之时建成何种佛国净土以济度众生，这种誓愿称为本愿。本愿有总愿和别愿之分。一切菩萨有四个共同的誓愿，称为四弘誓愿（众生无边誓愿度、烦恼无尽誓愿断、法门无量誓愿学、佛道无上誓愿成），这是总愿。各菩萨

除共有的总愿外，还有各自独特的誓愿，称为别愿。由本愿自然具有实现本愿之力，称为本愿力。

㉟**实际**：即法性、实相。《大智度论》卷三十二："如、法性、实际，是三皆是诸法实相异名。"

㊱**道场**：又作菩提道场、菩提场，指中印度菩提伽耶的菩提树下之金刚座上佛证圣道之处，以后引申为学道之处、供养佛之处。这里指的是证圣道之处。

㊲**五神通**：指菩萨修习禅定所获得的五种不可思议的神通：一、天眼通：能见天上地下、前后远近诸物，昼夜无异；二、天耳通：能听到天声、人声、三恶道（地狱、饿鬼、畜生）声，粗细远近，通达无碍；三、神足通：身能飞行，如鸟无碍，移远令近，不往而到，此出彼没，一念能至，大能作小，小能作大，一能作多，多能作一，不可爱不净之物能观令净，可爱净物能观令不净；四、宿命通：能知过去世中一世、十世、百千万亿世、无量劫世的经过；五、知他心通：能够以己心度人心，以至能远距离地思想遥感。五神通加漏尽通为六神通。漏尽通的内容为：断除一切烦恼，包括五上分结与五下分结。具足六神通者能动大地；一身为无数身，无数身还为一身；隐显自在；山壁树木，通过无碍，如行空中；履水如地，凌虚如鸟；出没地中，如出入水；身出烟焰，如大火聚；身中出水，如雪山水流；

日月大德威力难当，而能摩扪等。见《大智度论》卷四、卷五。

㊳**六波罗蜜**：波罗蜜，梵文的音译，意译为度、到彼岸。六波罗蜜即由生死此岸渡到涅槃彼岸的六种修习方法，包括：檀（布施）波罗蜜、尸罗（戒）波罗蜜、羼提（忍辱）波罗蜜、毗梨耶（精进）波罗蜜、禅波罗蜜、般若（智慧）波罗蜜。

㊴**犹如责米，故留谷种**：责米同债米。把米借出去，总须留下谷种，以便产米再借。这是一个譬喻，喻菩萨留有烦恼残气，方能继续受生，以便在世间度脱众生，此即"留惑润生"之意。

㊵**辟支佛**：梵文的音译，意译有独觉、缘觉二义。无师自通，全靠自己努力修行证悟，称为独觉。经过多世积善修行，最后一世虽逢无佛之世，无所师从，而缘业成熟，自然成佛，称为缘觉。

㊶**三藏论师**：在这里指的是会通小乘经、律、论三藏的学者，即小乘学者。与前文中"三藏经"一词含义相同。

㊷**四无量心**：为慈无量心、悲无量心、喜无量心、舍无量心。这四无量心依四禅定而修行，可生色界之梵天。参见《大智度论》卷二十。

㊸**罗睺罗**：人名，为释迦牟尼佛之子，十五岁出

家，成为佛的十大弟子之一，号称密行第一。

㊹**尼连禅河**：或称尼连禅那、尼连河，为恒河的支流之一。佛将成道前，在此河洗浴。

㊺**嫌愤五人，舍我而去**：憍陈如等五人，都是释迦姻亲。释迦出家求道，五人相随苦行。释迦苦行六年，悟苦行无效，便弃苦行，于尼连河洗浴，食乳糜。憍陈如等以为释迦破戒堕落，嫌憎离去。参见《过去现在因果经》卷三。

㊻**十六心**：包括八忍八智，即：苦法忍、苦法智、苦类忍、苦类智、集法忍、集法智、集类忍、集类智、灭法忍、灭法智、灭类忍、灭类智、道法忍、道法智、道类忍、道类智。这八忍八智合称见道之十六心。一般来说，十六心见道即得预流果（须陀洹），继续修行之后，才得阿那含果。

㊼**阿那含**：梵文的音译，意译为不还、不来，为声闻乘四果中的第三果，死后生于色界之天，仅次于阿罗汉果。

㊽**十八心**：指九无间道九解脱道。欲界、色界、无色界三界共有九地，每地各有九品修惑，断每一品的修惑有无间、解脱二道，每地便有九无间九解脱十八道，又称十八心。

㊾**三十四心**：上述十六心加十八心，共计三十四

心。见《大毗婆娑论》卷一五三等。

　　⑩**一切智**：佛智之一，《大智度论》卷二十七："总相是一切智……一切智者，总破一切法中无明暗。"这就是说，用般若智慧从现象的总体上考察所获得的佛教认识，称为一切智。得一切智，精神上便达到无任何分别境界，把握到现象的空性本质。《大智度论》认为，一切智有总、别二相之义，若依总义，则总称佛智，即一切种智；若依别义则是声闻、辟支佛所得之智。

译文

　　慧远问道：法身实相，无去无来。这一点，在般若类经典中，记载有法上菩萨回答常悲的话，已经说得很明白。又，法身同于变化，就像镜中影像之类一样虚幻不实，正如有的经典比喻道：日宫、月宫虽然原地未动，在江河之中却可以看到它们的光影。这种日月的光影，不就如同没有实在体性的法身吗？这两条，我没有什么疑问。

　　现在要问的，是所谓法性生身，妙行所成。《毗摩罗诘经·善权品》说，所谓如来身，是佛法所化而成。您回答中的要点，似乎便是《毗摩罗诘经》所说的这个意思。但是，此经的《善权品》列举了成佛的种种方法，这些方法是否是法性生身之前因呢？如果是前因，因必致果。请问：这些方法所导致之果，是否符合于实相？如果所致之果可以与实相符合，不会掺杂惑业的残余，便不应该受生。请谈谈法性生身受生的道理，以便能够理解经书上的类似论述。

从凡夫之人，到声闻人得罗汉果的最后边身，都从烦恼而生，是结业所化之身。从得无生法忍菩萨舍肉身所得的法身，到一生补处大士坐菩提树下悟道成佛，则从烦恼的残余习气而生，是本习余垢所化之身。自此以后，感得肉身的因缘都断了，才不再受生。这就是说，凡是谈生，都应该和无明联系起来说。关于证悟后的法性生身之生，是否也是这样呢？如果也是这样，请容许我提出疑问：得无生法忍菩萨舍烦恼所成肉身而受法性生身时，凭借什么而得生呢？如果说是由于爱习的残气而生，得无生法忍菩萨已经除尽烦恼，心无依附，连法中之爱都没有了，哪里还有本习之爱的残余？就算还有这种本习之爱的残余，这种本习之爱的残余怎么能发生作用，产生法性生身？所产生的这个法性生身，是实生的生，还是不生的生？如果说是不生之生，则不叫实生，不生自然不死，这种不生之生应该是生理无穷的永恒之生。如果说是实生之生，则从凡夫到罗汉的受生，岂不都和菩萨的受生一样是清净的。即使是法身菩萨，已住入实相，有各种妙法为善因，在受生之时，也必须凭靠余垢才能化成法身。我说这些，不过是以此来说明受生之理罢了。

现在还不懂的是，轮回已断，"神识"所寄寓的形体，已不是原来的肉身。那么，本习之爱的残余，没有依托的形体，便不能发生作用。何以见得呢？因为烦恼残气，必定从结业后边身（肉身）产生。这一点，请容我来证明。舍利弗曾受到教训，常行禅定三昧之时，面对着丰富多彩、美妙诱人的形象和悦耳动听的音乐，不用耳目，则感受似有若无。一用耳目，尽管音乐美色只是暂时为鼻眼等感官所接受，就会堕为凡夫，退堕佛道，失去七觉支等觉照的功夫。所以会造成这种情况，是因为习气尚在，耳目有所接触的缘故。由此可见，仅只是暂时忘失所对之境，外境对我们即不产生作用，更何况是弃绝肉身，没有五根的法性生身呢？这便是烦恼残气依托肉体五根而产生的证明。假如法身菩萨的慈悲之身，可以由本习之爱的残余而化成，由"神识"而产生，不需要五根，那么，连四大都没有，又由什么构成为法身菩萨的形体呢？难道现实的世间肉身，可以凭感应而化成吗？如果不能，那就实在找不到任何理由可以说明了。即使把法性生身比作水月镜花，水月镜花的形象也是有来因的，因为有真的花和月，那么，那个真的法性生身又是怎么来的呢？

罗什答道：佛灭后五百年来，诸论师各自追随所好的观点，于是有了大乘小乘的区别。小乘之说，以佛菩萨所得的无漏功德，即三十七品及佛十力、四无所畏、十八不共法等为法身；又以经、律、论显示佛理，也称为法身。所以，天竺各国都说：虽然佛的生身不在了，法身还在。大乘之说，认为一切法（现象）的实相本来无生无灭，断离语言文字，超越思维活动，不会产生烦恼也无所作为，其多无量，其广无边，如涅槃之相，这叫法身。当然，小乘所说的诸无漏功德和诸经法，也叫法身。为什么小乘所说的法身也是法身呢？因为由这些无漏功德和经法，可以悟解实相。又，大乘理论中，没有生身和法身的明确区分。为什么呢？因为一切法相毕竟都是一相，即清净相，何必认真区分呢？只是为了随顺一般人的理解，区分生身与法身，把菩萨得无生法忍舍去肉身（生身）以后所受之身，称为法身。为什么要有个法身的名称呢？因为这种菩萨依据无生法忍力，已断各种烦恼，却不像声闻、辟支佛那样证入涅槃，又没有成佛，在生身与佛之间，有个所受之身，于是，把所受的这个身称为法性生身，也就是法身。

但是，小乘各论师对这个法身有各种不同的说法。

如《自在王经》说：佛告自在王菩萨，我在燃灯佛时，通达四自在，便在那时，已得佛道，后来入于涅槃，那就是我的末身。自在王菩萨问：如果那时已得涅槃，那么，从那时以来，您做什么呢？佛答道：自利、利他二者，自利已办，只是为了教化众生，净佛国土，具足诸神通力威德的缘故，仍在世间。了解这种因缘，可知佛的肉身虽然不存在了，但常以化身度脱众生。

有人说，事实不是这样的。为什么呢？如果那时佛已得涅槃实道，肉身不存在了，心意也没有了，怎么能在五道中现出化身，度脱众生，净佛国土呢？比如实在有幻师，然后能施行幻术，出现幻事，若没有幻师，便不会有幻事。所以，佛在那时并没有证入涅槃。菩萨也是这样的。菩萨得无生法忍，虽然烦恼已经没有了，应该还有残余的习气，就像阿罗汉成道时，烦恼断绝了，还有残余的习气一样。只是诸罗汉对众生没有大悲之心，所以虽然有残余的习气，他们依然选择证入涅槃，不再受生。菩萨不同，菩萨深入众生之中，大悲之心彻于骨髓，立誓济度众生，虽已证悟实相，却不肯进入涅槃，而是随顺应度众生，在余气中受身，此身存亡自在，不随烦恼而轮回。直到坐道场成佛之时，余气才消失干净。当然，佛和菩萨还是有所不同的，不同就在于菩萨由残气而生，如果不是这样，菩萨便和佛没有区别了。

有的人说，得无生法忍菩萨有两种：一种得五神通，另一种得六神通。得五神通的，也会形成烦恼，但不起作用，就像捕获了可恨的盗贼，关在监狱之中，不会有什么祸害。这种菩萨，由于无生法忍之力，能够控制各种烦恼，永远不会让它们发生作用，只是以清净之心，修行六波罗蜜功德。欲界的凡夫，既有欲界烦恼，还有色界、无色界的烦恼，不过，色界、无色界的烦恼不会表现出来，虽有这二界的烦恼，不能起作用。住五神通的菩萨，现化为种种身份，度脱众生，为此而有意保留余结（残气），以便继续受生。要是没有残结，就不会再受生而会证入涅槃了。这就像把米借出去，有意留下谷种，以便再生一样。当六波罗蜜渐渐具足，教化众生、净佛国土的任务完成之时，才坐道场舍去残余的烦恼结，然后成佛。具有六神通的菩萨，该做的事已经做了，自利的功德已足，和阿罗汉、辟支佛一样，肉身已尽，更不受生。只因本愿大悲之力的作用，不断地以应化身出现，直到度脱众生的任务完成，自然成佛。度脱众生的任务完成，应化之身自然也就消失了。原先肉身之灭是实灭，为了吸引众生，有了变化之身，吸引众生结束，便连变化身也灭了。

又，有的三藏论师说：菩萨虽然已得六神通，诸漏并没有全尽。当年释迦佛行四无量心，生于色界之中，以至在末后身还生下罗睺罗。在尼连河洗浴，被大水漂走，不能抵抗大水的冲力。后来反对苦行，又有五位弟子嫌憎而离去。坐道场时，以十六心得阿那含；以十八心断无色界的结；以三十四心破一切烦恼，得一切智，仍然具有凡人的饥渴、寒热、老病、死等烦恼。可见，心得解脱，身体还受着种种苦难而不得自在，只不过具有一切智慧和大悲之心，超越常人而已。

原典

　　如是等诸论义师，皆因佛语，说菩萨相，于是各生异端，得中者少。

　　意谓：菩萨得无生法忍，舍生死身，即堕无量无边法中。如阿罗汉，既入无余涅槃①，堕在无量无边法中，不得说言若天若人、若在若灭。何以故？因缘故，名为人，因缘散，自然而息，无有一定实灭者。但名有变异身。得如是法门，便欲灭度时，十方佛告言②：善男子，汝未得如是无量无边见诸佛身，又未得无量禅定智慧等诸佛功德，汝但得一法门。勿以一法门故，自以为足，当念本愿，怜愍众生。今不知如是寂灭相故，堕三恶道③，受诸苦恼。汝所得者，虽是究竟真实之法④，但未是证时。尔时，菩萨受佛教已，自念本愿，还以大悲入于生死。是菩萨名为不住涅槃，不在世间，无有定相，以种种方便，度脱众生。

设有问言，菩萨若尔，无复实生，现受勤苦，无诸恼患，功勋甚少。应答：是事不然！着于凡夫时，以颠倒着心，要期果报，虽修苦行，皆非实行。今得诸法实相，具涅槃乐，而入生死，化度众生，是为希有。

设复问言，若此人戏想都灭，又无我心，何复以功德为希有耶？应答：菩萨之心，无有斯事，但为分别者，言有大功德耳。如师子有大力，不以为大，但余兽以为大耳。又如神药，为益众生故，出于世间，而无分别，但余人知有大力。如此之人，言身毕竟寂灭相，如幻如梦，如镜中像，不可以生相、不生相为难。何以故？此人堕在无数量，不应以戏论求之。但以人妄谓，菩萨有至道场，尽诸结使⑤。断彼意故，说言菩萨唯有结使残气耳。

如大乘论中说，结有二种：一者，凡夫结使，三界所系；二者，诸菩萨得法实相，灭三界结使，唯有甚深佛法中爱、慢、无明等细微之结，受于法身。爱者，深着佛身及诸佛法，乃至不惜身命；无明者，于深法中，不能通达；慢者，得是深法，若心不在无生忍定，或起高心，我于凡夫，得如是寂灭殊异之法。此言残气者，是法身菩萨结使也，以人不识故，说名为气。是残气不能使人生于三界，唯能令诸菩萨，受于法身，教化众生，具足佛法。譬如凡夫结使，或有障天人道⑥者，所谓邪见⑦、嗔恚⑧、悭⑨、嫉⑩等，以甚恼害众生故；或有不障者，所谓身见⑪、戒取⑫、爱⑬、慢⑭、无明⑮等，以其不恼众生故。结使或生三界，亦如是。是故菩萨亦名得解，亦名未脱。于凡夫结使为脱，于佛功德结使未脱。或言，得六神通，为尽三界结使故；或言，得五神通，为未破菩萨结使故。

又言，"尚无法中之爱"者，谓无凡夫、二乘法中之爱。所以者何？菩萨出过二地故。如须陀洹⑯，知一切法无常苦患，即不生爱，若心不在道，即有所爱。又如罗汉，于一切中无所爱，于佛法中，而有所爱。如舍利弗、摩诃迦叶⑰，闻佛甚深智慧无量神力，便相与言，若我本知佛功德如是者，在于地狱中，宁一胁着地，乃至径劫，于佛道中，心不应有悔。又诸声闻皆大号泣，声振三千大千世界⑱，云何乃失如是大利？是故二乘成道，虽断三界爱结，于佛功德法中，爱心未断。诸菩萨亦如是，无生忍力故，总言一切无所爱，而念佛恩重，深爱佛法，但不起戏论耳。若于一切法中，已断爱者，即不复能具足上地，而此人未满应满，未得应得。

又言，"止处已断，所宅之形，非复本器，昔习之余，无由得起"者。三界外，形现妙，爱习之余亦微。是故设复异形，理相因发，即无过也。又此涅槃而为障，如大乘经，一切法从本以来，常寂灭相⑲。一切众生，所作已办，但无明等诸结使障故，不能自知我等即是寂灭相。菩萨如是灭除障碍，尔乃自知我今作佛，若无菩萨结使障者，先已是佛。

有二种障：一者，三界诸烦恼，障涅槃道；二者，菩萨结使，障于佛道，此最难断，以其微隐故。譬如怨贼易避，内贼难识难知。得无生法忍时，世间实相[20]，虽破凡夫结使，未除佛道结使，于佛道中，犹有错谬。若无错谬，得无生法忍时，即应是佛。若欲教化众生，净佛国土，便可一时顿具。何以故？得先碍实智[21]故。所以不得尔者，以有微障故。又，无生忍力，但能破邪戏论，示诸法实相，后得佛时，乃于一切法中通达，无近无远，无深无浅。闻有菩萨阿毗昙，当广分别结使相，如声闻阿毗昙广分别根本十结[22]。

又言，"四大既绝，将何所构，而有斯形"者，既云生涂不绝，法身之应，无所疑也。但阿毗昙法、摩诃衍法[23]，所明各异。如《迦旃延阿毗昙》[24]说，幻、化、梦、响、镜像、水月，是可见法，亦可识知。三界所系，阴、界、入[25]所摄。大乘法中，幻、化、水月，但诳心眼，无有定法。又，小乘经说，化人为何界所摄？答，无处所。今以大乘法论说，法身无有四大五根，幻化之事，肉眼所见，尚无所摄，何况法身微妙耶？是故但无三界粗四大五根耳。为度众生因缘故现，缘尽则灭，譬如日现清水，浊则不见。如是，诸菩萨常在法性中，若众生利根、福德清净者，即随其所见应度之身。

复次，若欲求其实事者，唯有圣人初得道时，所观之法，灭一切戏论，毕竟寂灭相。此中涅槃相、生死相，尚不可得㉖，何况四大五根？如是，不应以四大五根为实，谓无此者即不得有法身也。如一有为法，皆虚妄不实。有为法者，即是五阴㉗。五阴中最粗者，所谓色阴。若然者，虚妄之甚，不过四大。所以者何？思惟分别，乃至微尘，亦复不有，论中广说。㉘但于凡夫，数法和合，得名色阴，色阴无有决定㉙，何况四大五根？是故，不得以凡夫虚妄所见色阴，以为实证，而难无量功德所成之身。若欲取信者，应信法身。如经中说，所有色，皆从四大有，为三界系使因缘故。说菩萨法身四大五根，同于变化㉚，不得以之为一也。又，欲界、色界众生，以四大五根桎梏，不得自在。乃至阿罗汉、辟支佛，心虽得离三界之累形，犹未免寒、热、饥、渴等患。法身菩萨即不然，无有生死，存亡自在，随所变现，无所罣碍。

注释

①**无余涅槃**：断除贪欲，断绝烦恼，已灭除生死之因，但作为前世惑业造成的果报身即肉身还存在，而且

还有思虑活动，这叫有余涅槃。无余涅槃是比有余涅槃更高一级的状态。在这种状态中，不但灭除生死之因，也灭尽生死之果，原来的肉身不存在了，思虑也没有了，不再受生。

②这里所据的是《大智度论》卷十所说：释迦"立七住中，得无生法忍，心行皆止，欲入涅槃。尔时，十方诸佛皆放光明，照菩萨身，以右手摩其头语言：善男子，勿生此心，汝当念汝本愿欲度众生，汝虽知空，众生不解，汝当集诸功德教化众生，共入涅槃。……汝今始得一无生法门，莫便大喜。是时，菩萨闻诸佛教诲，还生本心，行六波罗蜜以度众生"。

③**三恶道**：六道之中，地狱、饿鬼、畜生称为三恶道。

④**究竟真实之法**：究竟，最高。真实，即实相。究竟真实之法，即最高的诸法实相之理。《大智度论》卷七十二："究竟者，所谓诸法实相。"

⑤**结使**：结和使，都是烦恼的别名。烦恼系缚身心，结成苦果，所以称为结；随逐众生又驱使众生，所以称为使。

⑥**天人道**：即六道轮回中的天道和人道，为善业所招之乐果。

⑦**邪见**：指否定因果报应的见解。

⑧**嗔恚**：憎恨和愤恨，指仇恨可恶的境界和损害他

人的心理。

⑨慳：对于财物的吝啬心理。

⑩嫉：对于他人的长处或成功产生嫉妒的心理。

⑪身见：或称我见，即以为我和我所都是真实存在的观点。

⑫戒取：又作戒取见、戒禁取见，指将错误的戒律法规当作可以引导至涅槃的正确戒律。

⑬爱：指渴望、贪爱、贪欲。

⑭慢：傲慢。乃心所（心的作用）之名，即比较自己与他人之高低、胜劣、好恶等，而生起轻蔑他人之自恃之心。

⑮无明：也称为痴，对佛教真理愚昧无知。

⑯须陀洹：梵文的音译，意译为入流、预流，为声闻乘四果中的初果。

⑰摩诃迦叶：即大迦叶，释迦牟尼佛十大弟子之一，号称头陀第一。这里所述摩诃迦叶与舍利弗谈话的内容，请参阅本书第十章《次问罗汉受决并答》注⑯及注⑰。

⑱三千大千世界：佛教认为，宇宙由无量世界所构成。一个太阳和月亮周遍流光所照的地方为一世界，如此一千个世界称为小千世界，一千个小千世界称为中千世界，一千个中千世界称为大千世界。因为一个大千世

界中包含有小千、中千、大千三种千，所以合称为三千大千世界。三千大千世界为一佛土。

⑲此处指《法华经·方便品》："我虽说涅槃，是亦非真灭。诸法从本来，常自寂灭相。"

⑳**得无生法忍时，世间实相**：此句费解，疑"世间实相"上脱漏"住"（或"知"）字。《大智度论》卷二十七："菩萨位者，无生法忍是。得是法忍，观一切世间空，心无所着，住诸法实相中，不复染世间……"卷五十："无生法忍者，于无生灭诸法实相中，信受通达，无碍不退，是名无生忍。"卷八十六："菩萨住无生忍法，得诸法实相。"可参考。

㉑**先碍实智**：疑为"无碍实智"之误。无碍实智，即一切智、无分别智、根本智，为达于一切法实性之智。此智通达自在，所以用无碍形容。

㉒**声闻阿毗昙广分别根本十结**：阿毗昙，梵文的音译，简称毗昙，唐译为阿毗达磨，意译为对法、无比法、大法等，可以泛指佛典三藏中的一切经典，所以范围很广，包括佛教各派的论著。这里所说的菩萨阿毗昙，即大乘阿毗昙，声闻阿毗昙即小乘阿毗昙。东晋南北朝时期，大小乘阿毗昙都已经大量介绍过来，但以一切有部为主的小乘阿毗昙盛传一时，当时被特称为阿毗昙的，只限于小乘派别的著作。小乘阿毗昙中，说五结

（贪结、恚结、慢结、嫉结、悭结）、九结（爱结、恚结、慢结、痴结、疑结、见结、取结、悭结、嫉结），不见有十结。《俱舍论》十九讲十使，又称十根本烦恼、十大惑、十见、十随眠，指贪、嗔、痴、慢、疑、身见、边见、邪见、见取见、戒禁取见。另外，在《阿含》《俱舍》等经论中，常提到"五上分结"与"五下分结"，合称十结。"五下分结"：欲贪、嗔、身见、戒禁取见、疑；"五上分结"：色贪、无色贪、掉举、慢、无明。

㉓**阿毗昙法、摩诃衍法**：这里说的阿毗昙法，指小乘各著作的说法，摩诃衍法即大乘法。

㉔**《迦旃延阿毗昙》**：为《阿毗昙八犍度论》的异名。迦旃延（迦多衍尼子，约前一二世纪），为说一切有部的著名代表之一。他这部著作是说一切有部最基本的论书。

㉕**阴、界、入**：阴指五阴，也称五蕴。阴是荫覆的意思；蕴是积聚、类别的意思。五阴或五蕴，指的是构成人和万物的五种类别，即：色蕴（相当于物质概念）、受蕴（感受）、想蕴（理性思维活动）、行蕴（造作，即心理活动）、识蕴（相当于包括感性和理性认识的活动和内容）。入指十二入，或称十二处。入是涉入的意思，处是相会的处所。十二处指眼处、耳处、鼻处、舌处、

身处、意处六根及色处、声处、香处、味处、触处、法处六境，六根与六境互相涉入，所以称十二入。界指十八界。界有种类、界限的含义。十八界是在十二处的基础上再加相应的六识（眼识、耳识、鼻识、舌识、身识、意识），即合六根、六境及六识总为十八界。佛教把宇宙万事万物概括为五蕴、十二入、十八界，总称为三科。

㉖**涅槃相、生死相，尚不可得**：是以涅槃为空相、实相，而世间生死相，也毕竟是空，都是空相，而无须分别也无法分别。如《中论·观涅槃品》所说："涅槃与世间，无有少分别，世间与涅槃，亦无少分别。"《思益梵天所问经·分别品》说："涅槃者，但有名字，犹如虚空，但有名字，不可得取。"

㉗**有为法者，即是五阴**：佛教把千差万别的宇宙诸法（现象），分为有为法和无为法两类。为是造作的意思。由因缘和合所作为、有生灭变化的现象，称有为法；非因缘和合而成、无生灭变化的绝对存在，即无所作为、不待所为而存在的东西、道理，称无为法。任何有为法，都由色、受、想、行、识五蕴和合而成，所以，任何有为法都没有自性，都是空。五蕴本身也可以破析而无自性，也是空。

㉘《大智度论》卷十二详论微尘无有。微尘指最

细微的物质颗粒，不能再分割了，又称极微。小乘说一切有部认为，地、水、火、风四大可以分成极微。《大智度论》则破极微，从而破四大，所举理由大致有三：一、"极微有十方分（辨得出十个方向的部分）"，所以不能称为极微；二、极微"应有虚空分齐（占体积相等的空间）"，所以不能叫作极微；三、"色、香、声、味、触作分（具有色、香、声、味、触）"，所以不应当称为极微。原文中"微粗"应为"微尘"之误。

㉙**色阴无有决定**：即并非实有。《大智度论》卷三十一说："是色以香、味、触及四大和合故有色，可见，除诸香、味、触等更无别色。"这就是说，色也是香、味、触及四大因缘和合而成，并无自性，因而是空，所以说："空即是色，色即是空。"

㉚**菩萨法身四大五根，同于变化**：疑"菩萨法身"之下漏"无"字。在前章《初问答真法身》中，罗什一开始便说："佛法身者，同于变化，化无四大五根。"罗什的论点，前后应当是一致的，所以，译文中加上"无"字。

译文

以上的小乘诸论义师，都自称根据佛说而谈菩萨之相，其实各不相同，其中正确者很少。

我的理解是这样的：菩萨得无生法忍，舍去生死身，便进入无量无边的佛法之中。就像阿罗汉，证入无余涅槃，便进入无量无边的佛法之中一样，不能说他是天是人、是存是亡。为什么呢？因缘和合的缘故，叫作人，因缘离散，自然而息，既没有实在的生，也没有实在的灭。因此可以说他只有"变异生死"之身，而没有"分段生死"之身。菩萨得无生法忍的法门，将要灭度之时，十方诸佛告说：善男子，汝没有得无量无边见诸佛之身，又没有得无量禅定智慧等诸佛功德，汝只得一个法门。不应得到一个法门，就自以为足，应当想到汝的本愿，怜悯众生。众生因不知这种无生之法寂灭之相，堕入地狱、饿鬼、畜生三恶道，受诸种苦恼。汝所得到的，虽然是最高的真实之法，还不是证入之时。菩萨受佛的教化，自念本愿，便怀大悲之心再入生死之中。这种菩萨，称为不住涅槃，不在世间，没有一定之相，以种种方便，度脱众生。

可能有人问说，这样的菩萨，不再实生，现在受勤劳辛苦，不过心中没有各种烦恼祸患，因此并未奋发图强，所以功勋是很少的。应该回答说：不是那么回事啊！凡夫固执颠倒之见，为获果报而勤修苦行，都不是真正的修行。菩萨得诸法实相，具有涅槃之乐，却出入生死，化度众生，这才是珍贵的功德。

可能再问，此种菩萨已消除一切违背佛理的错误想法，又没有"我"的观念，怎么会以功德为珍贵呢？应该回答说：菩萨的心里，确不以任何功德为珍贵，不过为了那些喜欢谈论与分别的人，因此才说菩萨有大功德。如狮子有大力，它自己并不以为大，是其余的兽类以为它的力大。又如神药，为利益众生而出现世间，它和其他的药一样是药，但人们知道它有神奇的效力。像这样的菩萨，论他的法身，是毕竟寂灭之相，如幻如梦，如镜中之像，不可以追问究竟是生相还是不生之相。为什么呢？因为法身菩萨已入无量佛法之中，不应以世俗的观念去追索。只是因为有人妄说，菩萨坐道场才断尽诸结使，好像坐道场之前还有结使似的。为了断除这种意见，我们只好说，法身菩萨已经没有结使，只剩有结使的残气而已。

大乘论中说，结有两种：一种是凡夫的结使，这是属于三界的结使；第二种，诸菩萨得诸法实相，灭三界结使，只有甚深佛法中的爱、慢、无明等细微之结，还存在于法身之中。爱，指深爱佛身和诸佛法，以至不惜身命去追求；无明，指对于甚深的佛法还有所不明；慢，指得到甚深佛法后，如果心不在无生忍定之中，或者有了高傲之心，自以为我比凡夫高明，得到如此了不起的寂灭之法。我们说的"残气"，就是指的这种法身菩萨的结使，由于人不能认识，所以叫作"习气"。这种残气不会使菩萨生于三界之中，却能留存在菩萨法身内，以便教化众生，具足佛法。譬如凡夫的结使，有的阻碍得天人道，这就是邪见、嗔恚、悭、嫉等，因为它们非常恼害众生；也有不会阻碍得天人道的，这就是身见、戒取、爱、慢、无明等，因为它们不恼害众生。菩萨的结使是否阻碍菩萨生于三界，也是如此。可以说，菩萨由于不恼害众生的烦恼而得生三界，就像凡夫有不恼害众生的烦恼，而得生人天。所以，菩萨既称得解脱，又称未解脱。对凡夫结使来说，是解脱；对佛的功德来说，菩萨的结使未解脱。也有的说，得六神通，是因为三界结使已解脱净尽；得五神通，是因为还没有解脱菩萨结使的缘故。

您引述菩萨"连法中之爱都没有"这话，其实指的是没有凡夫和声闻、缘觉二乘的法中之爱。为什么呢？因为菩萨已超越声闻和缘觉。比如须陀洹，知道一切法（现象）都是无常的，为此感到苦，就不会对一切法产生爱，不明此理，便会有所爱。又如阿罗汉，对一切都无所爱，对佛法中有所爱。就像舍利弗、摩诃迦叶，闻知佛有甚深智慧和无量神力，在一起互相谈论道，要是我本来就知道佛的功德这样广大，即便到了地狱之中，我一胁着地，熬受一劫之苦，求佛道之心也能坚定而不悔。还有诸声闻之人，也一定会自责，为何失去这等大利益？他们将会大声号泣，以至号泣之声震动三千大千世界。可见，声闻、缘觉二乘之人成道之后，尽管已断绝三界的爱结，对佛的功德法则爱心未断。菩萨也是如此，由于无生法忍之力，总的说来对一切无所爱了，只是念佛恩重，还深爱佛法，不过不产生戏论罢了。如果对现前的一切法都已断爱的人，就能超越现前的境界，而圆满证得下一境界的果位。

又，您在来问中说，轮回已断，"识神"所寄寓的形体，不再是原来的肉体，过去习气的残余，没有形体可以依托，便不能发生作用。其实，三界之外的形体，是非常殊妙的，爱习的残余也甚少。按理而言，认为这是妙因所成的另一种形体，并没有错误。又，轮回已断，证入涅槃，灰身灭智，这种对涅槃的看法也是一种障。按大乘经典的观点，一切法（现象）的实相，从来就是永恒的寂灭之相，即涅槃相。一切众生，该办的功德都办了，由于无明及各种烦恼的障蔽，不懂得一切法本来寂灭的道理，自己不知所做的一切就是寂灭相，而另去追求涅槃。菩萨灭除了这种涅槃障，于是懂得我现在就是佛，假如没有菩萨结使障（残余习气），早已就是佛了。

有两种障：一种是三界的各种烦恼，成为悟得涅槃的障碍；第二种为菩萨结使，是成佛的障碍。菩萨这种障最难断，因为它很细微而不明显，就像躲避可恨盗贼容易，内贼却难识难知。菩萨得无生法忍之时，已悟得世间诸法实相，破除了凡夫的结使，不过，还没有破除佛道结使（即菩萨结使），在追求成佛的道路上还有错谬。若是没有错谬，得无生法忍之时就应当是佛了。如果打算教化众生，净佛国土，便可以一下子具备成佛的全部条件。为什么呢？因为得到无碍实智的缘故。其所以不能得无碍实智，就是由于有微细的菩萨结使成为障碍。又，无生法忍之力，只能破除各种错误观点，悟得诸法实相，以后成佛之时，得无碍实智，才能看透一切现象，不论远的还是近的，也不论是浅的还是深的。关于结使，听说有菩萨阿毗昙，其中广为分别地说，就像声闻阿毗昙中广为分别地说根本十结一样。

来问中又说："既然连四大都没有了，法身之形又是由什么构成的呢？"其实，您既然知道法身生理无穷，应众生的需要而现形，那就不应该有疑问了。当然，对于这个问题，大乘和小乘的解释有所不同。如小乘的《迦旃延阿毗昙》说，法身如幻、如化、如梦、如响、如镜像、如水月，是可见的现象，也可以识知。因为这些都是属于三界，为五阴、十二入、十八界所包括的实有现象。大乘则认为，幻、化、水月之类，都是假有，只能欺诳心眼，并不是实有的现象。又，小乘经说，化人属于三界中哪一界呢？答复是：无处所。大乘则论说，法身没有四大五根，如小乘所说，幻化之事，肉眼所见，尚且不属于三界中任何一界，何况微妙的法身呢？所以，法身是没有三界那种粗重的四大五根的。由于度脱众生的因缘，法身化现，因缘一尽，法身便消失了，如同太阳在清水中显现，水浊便不现了。同样的道理，诸菩萨常在法性之中，若众生利根、福德清净的，便可随其所见而显现法身。

再有，一定要追问真实法身的话，那就只有圣人（释迦）初成道时所观之法，这个法破除了一切戏论，是毕竟寂灭之相。这个毕竟寂灭之相，无"生死相"，也无"涅槃相"，当然也就没有所谓"四大五根"之相了。可见，不应当以四大五根为实有，似乎没有四大五根就不能有法身。四大五根和一切有为法一样，都是虚妄不实的。有为法便是五阴，五阴中最粗的是所谓色阴，即四大五根之类。如此，最虚妄的莫过于四大了。为什么呢？《大智度论》曾详细论说，人们在思维中把四大分析到最微细的程度，不能再分析下去了，那个最微细的单位名叫微尘，就连微尘也不是真有的。由微尘所构成的四大，当然也并非真有。对于凡夫来说，某些现象的因缘和合，叫作色阴，其实色阴没有确定的自性，不是实有，何况四大五根呢？所以，不能用凡夫虚妄所见的色阴，作为实有的证明，来批评无量功德所成的法身，以为法身应当实有。如果真正信仰佛，应当信仰寂灭之相的法身。像经中所说，所有的色（物质）由四大所构成，这是为了说明三界的因缘和合之理。其实，我们前面已经说明，菩萨的法身没有凡夫所见的四大五根，而是和变化一样，不能认为法身和四大五根所构成的肉身是同样的东西。又，欲界、色界众生，由于有四大五根的桎梏，不得自在。即使修成阿罗汉、辟支佛，心虽得离三界的肉身形体之累，还不免要受寒、热、饥、渴等苦难。法身菩萨就不会这样，他无有生死，存亡自在，没有四大五根的桎梏，可以随缘变现，通达无碍。

3 第四章 次问真法身寿量并答

远问曰：凡夫寿，皆行业之所成，成之有本。是故，虽精粗异体，必因果相乘[①]。来答云，法身菩萨非身、口、意业所造。若非意业，粗是无因而受果，其可然乎？如其不然，妙体之来，由何而得？

又问：从法忍菩萨始还[②]法身，暨于十住，精粗优劣，不可胜言。其中所受，皆有命根长短，亦应随精粗而为寿量。自十住已还，不复精论。今所闻者，旨在十住。《十住经》[③]说，十住菩萨，极多有千生补处，极少至一生补处者。此耶是法身生非。若是者，必为功报转积，渐造于极，以至一生也。为余垢转消，生理转尽，以至一生乎？若余垢转消，即同须陀洹七生之义[④]。以圣道力故，不至于八。今十住不过千生者，为是何力耶？若是遍学⑤时，道力所制者，即生理有限，不得至千。以是而推，即不同生七可知。

若功报转积理极故唯一生者，一生即是后边身，身尽于后边，即不得不取正觉。若不得不成，何故菩萨有自誓不取正觉者⑥？自誓之言，为是变化形，为真法身乎？若变化形者，便是权假之说；若是真法身者，数有定极，即不得有自誓无穷之言也！

什答曰：今重略叙。法身有二种：一者，法性常住如虚空，无有为、无为等戏论；二者，菩萨得六神通，又未作佛，中间所有之形，名为后法身。法性者，有佛无佛，常住不坏，如虚空无作无尽。以是法，八圣道分⑦、六波罗蜜等，得名为法，乃至经文章句，亦名为法。如须陀洹，得是法分，名为初得法身，乃至阿罗汉、辟支佛，名后得法身。所以者何？罗汉、辟支佛，得法身已，即不复生三界。是佛分别三乘义故，不说有法所去处。准《法华经》有此说耳⑧。若处处说者，《法华经》不名为秘要之藏⑨，又亦不能令人多修习涅槃道，尽诸漏结⑩。是故，天竺但言"歌耶"，秦言⑪或名为"身"，或名为"众"，或名为"部"，或名"法之体相"。或以心、心数法⑫名为"身"，如经说六识身、六触身、六受身、六爱身、六相身、六思身⑬等。始八圣道等，众事和合，不相离故，得名为"身"。得无生法忍菩萨，虽是变化虚空之形，而与肉身相似故，得名为"身"。而此中真法身者，实法体相也。言无身、口、意业者，是真法身中说。或有人言，得无生法忍菩萨，解脱业相，坏三界业故，但以大悲心，起菩萨事。以坏业故，名为无业，谓无如凡夫分别之业耳。如佛言，我从得佛已来，不复起业，灭业相故，名为非业。又，诸菩萨有所起业，皆与无生忍合故，名为无业。是故菩萨施业中，不分别取相，名为无业。

经言千生者，所未闻故，不得委要相答耳。如普贤[14]、观世音[15]、文殊师利[16]等，是十住菩萨，具足佛十力、四无所畏、十八不共法，以本愿广度众生，故不作佛。如《文殊师利受记经》[17]中说，若干阿僧祇劫，当得作佛，而释迦文佛等，皆以文殊师利为发意因缘[18]。尔时，势力已成。如是推求本末，即不限千生也。若经言有千生者，即是本无别愿，久住世间，或是钝根，未具足诸佛法故，即有多生。若功德具足者，即是一生。又，功德积满，唯有一生，不得不成正觉。菩萨有二种：一者，功德具足，自然成佛。如一切菩萨，初发心时，皆立过愿言：我当度一切众生。而后渐渐心智转明，思维筹量，无有一佛能度一切众生，以是故，诸佛得一切智，度可度已，而取灭度。我亦如是。二者，或有菩萨，犹在肉身，思维分别，理实如此，必不得已，我当别自立愿：久住世间，广与众生为缘，不得成佛。譬如，有人知一切世间皆归无常，不可常住，而有修习长寿业行，往非有相非无相处⑲，乃至八万劫者。又，阿弥陀等清净佛国，寿命无量⑳。

注释

①**因果相乘**：佛教认为，整个世界的事物是互为因果关系而形成的一个整体系统。因是原因，是能生；果是结果，是所生。有因必有果，有果必有因。因与果互为条件、互相依赖，这就是慧远所说的"因果相乘"。在人的一生中，有所造作，称为业。业通常分为三种：心的思维为意业，言语为口业，行动为身业。众生所作的身、口、意三业为因，必定产生果报。果报分有漏与无漏两种果。有漏果是由有漏业因所招的果，分善恶两类，善法招乐果，如众生在六道轮回中得人、天果报；恶法招苦果，如众生在六道轮回中得地狱、畜生果报。无漏果是由无漏善业因所招的果报，如成就阿罗汉、菩萨和佛。

②**始还**：应为"始得"之误。

③**《十住经》**：鸠摩罗什译。慧远引《十住经》云菩萨多千生补处，是慧远的误解，罗什在答文中有

说明。

④**须陀洹七生之义：**须陀洹为声闻乘四果中的初果，初入圣道，在人天中最多七生，即最多生七次，并不是所有的须陀洹都要在人天中七生。见《俱舍论》卷二十三。

⑤**遍学：**菩萨为成一切智，遍学声闻、缘觉二乘之法，见《摩诃般若波罗蜜经·遍学品》。为什么要遍学？在本书《次问答遍学》章中，罗什曾作说明，可参阅。

⑥《无量寿经》卷上，阿弥陀佛未成佛时，名法藏菩萨，发四十八大愿，此愿不实现，誓不取正觉。如第一大愿："设我得佛，国中有地狱、饿鬼、畜生者，不取正觉。"

⑦**八圣道分：**又称八支圣道、八直圣道、八圣道、八正道，内容为：正见、正思维、正语、正业、正命、正精进、正念、正定。

⑧**准《法华经》有此说耳：**此句中，"准"应为"唯"字之误。

⑨《法华经·安乐行品》："此《法华经》诸佛如来秘密之藏，于诸经中最在其上。"

⑩《法华经·方便品》中，释迦佛说明，如只说佛乘，众生不能信，堕于三恶道。所以，为诸众生故，分

别说三乘。即引导众生修习涅槃道而方便说三乘。

⑪**秦言：**指汉语。因为鸠摩罗什住在后秦，受姚兴礼遇。"后秦"是后来史家的称呼，姚兴当时的国号就是"秦"，所以，鸠摩罗什称汉语为秦言。

⑫**心、心数法：**即心法与心数法。心法指六识（眼识、耳识、鼻识、舌识、身识、意识）或八识（大乘佛教瑜伽行派在六识基础上加末那识和阿赖耶识，为八识）的识体，即精神活动的主体，也称为心王。心数法，又称为心所法、心所有法，是相应于心王而起的心理活动和精神现象，即心在发生作用过程中所引起的各种心理活动。因为是依心而起，系属于心，不能独立，与心一起才发生作用，即为心所有，所以称为心所。小乘说一切有部分心法一种（心王，包括六识），心所有法四十六种。大乘瑜伽行派分心法八种（八识），心所有法五十一种。参看《俱舍论》《成唯识论》。

⑬六识为眼识、耳识、鼻识、舌识、身识、意识。六触，为眼触、耳触、鼻触、舌触、身触、意触，指心识具有的感触事物的能力。其相当于触觉，能使根、境、识三者和合，令心、心所感触自己的认识对象，并引生受、想、思等其他心理活动，为心所法之一。六受，即由眼等六触引生相应的眼受、耳受、鼻受、舌受、身受、意受，由此引起苦、乐、舍（不苦不乐）等

感受。六爱，即由受而引起六种爱的心理活动。六相，即六想，执取六境种种形相的六种思维活动。六思，即六种令心生起善、恶、无记（非善非恶）的心理活动。无论是六识中哪种心法生起，都相应地生起触、受、爱、想、思。后来唯识宗有所谓"五遍行"，即：触、作意、受、想、思。这些心、心所法，《俱舍论》曾名为身。如卷一："受蕴，谓三领纳随触：即乐及苦、不苦不乐；此复分别成六受身，谓眼触所生受乃至意触所生受。"《杂阿含经》卷二也名为身。

⑭**普贤**：菩萨名，毗卢舍那佛的右胁侍，也是释迦牟尼佛的右胁侍，专司理德。

⑮**观世音**：唐代因避太宗李世民讳，简称观音，菩萨名。如有受苦众生，呼念观世音菩萨之名，菩萨观其音声，便能往救，所以称为观世音。观世音为阿弥陀佛左胁侍菩萨，与右胁侍大势至菩萨相对。因观世音菩萨大慈大悲、救苦救难，其威望甚高。

⑯**文殊师利**：简称文殊，菩萨名。毗卢舍那佛的左胁侍，也是释迦牟尼佛的左胁侍，专司智德。

⑰**《文殊师利受记经》**：为《大宝积经》卷十五，西晋竺法护译名《文殊师利佛土严净经》，唐实叉难陀译名《文殊师利授记会》。唐译《文殊师利授记会》说：文殊师利"于往昔过七十万阿僧祇恒河沙劫，初发

菩提之心，次过六十四恒河沙劫，得无生法忍，能具足菩萨十地、如来十力，佛地诸法悉皆圆满，而未曾起一念之心我当作佛。善男子，尔时，二十亿众生随逐彼王于雷音佛所，发菩提心者，皆由文殊师利劝发，令入布施、持戒、忍辱、精进、禅定、智慧，今并证得阿耨多罗三藐三菩提，转大法轮，作佛事已而般涅槃"。

⑱**皆以文殊师利为发意因缘**：释迦文佛，为释迦牟尼佛的略称。发意因缘即发心因缘。所谓以文殊师利为发意因缘，意思是说，释迦牟尼佛向文殊师利发做佛之心愿，与文殊师利有师徒关系。关于释迦发心的因缘，有几种说法。《大智度论》卷四、《俱舍论》卷十八说，三大阿僧祇劫前有释迦牟尼佛，逢此佛而发心，而且如愿为释迦牟尼佛。《法华经·化城喻品》说，有大通智胜如来，其佛出家前有十六王子，后来也出家成佛，其中之一即释迦牟尼佛。《悲华经》卷二十三说，无诤念王时，宝海梵志向宝藏如来发五百大愿而成佛，即释迦佛。这里说的是以文殊为发心因缘，如《菩萨处胎经·文殊身变化品》说："本为能仁师，今为佛弟子。"也是一说。

⑲**非有相非无相处**：即非有想非无想处，新译非想非非想处，为无色界的第四天，三界中的最高阶段。生于此天的，超越一切观想，达到非有想、非无想的绝对

寂静状态，连心识乃至于无心识都空了。《大毗婆沙论》卷八十四说："如契经说，空无边处二万劫寿，识无边处四万劫寿，无所有处六万劫寿，非想非非想处八万劫寿。"外道以此处为真涅槃处。

⑳阿弥陀等清净佛国，寿命无量：阿弥陀，梵文的音译，可以意译为无量、无量寿、无量光等。鸠摩罗什所译《阿弥陀经》说："彼佛寿命，及其人民，无量无边阿僧祇劫，故名阿弥陀。"《无量寿经》所说四十八大愿中第十五大愿："设我得佛，国中天人，寿命无能限量，除其本愿，修短自在。若不尔者，不取正觉。"

译文

慧远问道：凡夫的寿命，都是作业而造成的，都有原因。所以寿命或长或短，必定都符合因果律。您在答复中说，法身菩萨不是身、口、意业所造成。如不是意业所造，那便是无因而受果，难道是这样的吗？如果不是，那么，法身菩萨之妙体，由何而得呢？

又问：得无生法忍菩萨有了法身，居于七住，由此开始，一直到十住菩萨，其中的法身有精粗优劣之分，不必多说。他们所受的命根有长有短，也应当由此而有各自的寿量。不过十住以下的，可以不再讨论了，现在要问的是十住。《十住经》说，十住菩萨，多有候补长达千生的，只需一生便能候补成佛的极少。这里所说的一生，应该指的是法身的一生。如此，一定是功德果报，不断积累，到达极点，才能只需一生。或者，是因为余垢不断消除，以致生理断绝，只有一生？如是因余垢消除而只剩一生，就同须陀洹七生的道理一样。由于圣道力，须陀洹断除各种邪见，最多只需七生，不至于八生。现在说的是十住菩萨不过千生，那又是由于什么力的作用呢？如果因为十住菩萨遍学三乘，以致余垢转消的时间拖延至千生，也不好解释，因为十住菩萨道力所控制的毕竟有限，即生理有限，拖不到千生之久。由此推论，可知十住菩萨千生之理，不同于须陀洹七生，不是由于需要消除余垢的缘故。

关于一生的问题，如果由于功德积累到极点而只需一生，这一生便是后边身，以后此身就没有了，所以不得不取正觉成佛。若是果真不得不成佛，为什么菩萨有自誓不取正觉成佛的呢？既然自誓不成佛，可见并非不得不成佛，而是可以不成佛了，这一生也不是后边身了。不是后边身，又不成佛，这中间之身是什么身呢？是变化身，还是真法身？如说是变化之身，那是方便的假说；如说是真法身，那么，法身的寿量总是有定数的，就不能有自誓无穷、永不成佛的话呀！

罗什答道：现再简略谈谈这个问题。法身有两种：

一种是法性，法性永恒存在，如同虚空，对于法性，不能议论它是有为法还是无为法；另一种，菩萨得六神通，又没有做佛，这中间具有的形体，叫作后法身。所谓法性，无论有佛无佛，都永恒存在，常住不坏，如虚空无作无为、无穷无尽。这种法性，称为法身。八圣道分、六波罗蜜等，由于性空，也称为法身，以至经文章句，也称为法身。如须陀洹，得到这种法性的一部分，叫作初得法身；阿罗汉、辟支佛，叫作后得法身。为什么叫后得法身？因为阿罗汉、辟支佛得法身后，便不再生于三界了。不生于三界，到哪里去了？入涅槃了吗？佛分别说声闻、辟支佛、菩萨三乘，指出阿罗汉、辟支佛也将成佛，所以不说阿罗汉、辟支佛得法身之后的去处，不说阿罗汉、辟支佛的涅槃。这种解释，只有《法华经》讲了，别的经没有讲。若是处处都讲，《法华经》便不能称之为"秘要之藏"了，也不能使人多修习涅槃之道、断尽烦恼了。法身就是法性，就是天竺语的"歌耶"一词，翻译为汉语，可以说是"身"，可以说是"众"，可以说是"部"，可以说是"诸法之体相"。也可以把心、心数法叫作"身"，如经说六识身、六触身、六受身、六爱身、六想身、六思身。从八圣道等佛法开始修行，众事和合，能持而不离，也可以叫作"身"。得无生法忍菩萨，虽然是变化虚空之形，这个形体和肉身相似，因无生法忍的缘故，也可以叫作"身"。这些都可以叫作法身，其实，真正的法身，就是实法体相。您所说的法身没有身、口、意业，是指真法身说的。有人解释说，得无生法忍的法身菩萨，已经解脱三界的业相，破坏了三界的业，所以没有三界的身、口、意业，只以大悲之心做菩萨之事。由于已经破坏了业，称为无业，无业说的是没有三界凡夫的身、口、意业。正如佛所说，我从得佛以来，不再起业，灭了业相，所以叫作非业。诸菩萨也是这样的，有所起业，都与无生法忍相合，而不是三界的业，称为无业。可见，菩萨所施的业，既不取欲界也不取色界、无色界之相，叫作无业。

您提到《十住经》谈菩萨千生补处，我没有听说过，不能勉强作答。不过，像普贤、观世音、文殊师利这些菩萨，乃是十住菩萨，具足佛的十力、四无所畏、十八不共法，按他们各自的本愿广度众生，因此不做佛。《文殊师利受记经》说，若干阿僧祇劫前，文殊师利便应当做佛而不做，连释迦佛都是由文殊师利引导而发心做佛的。那时，文殊师利就已有了成佛的势力。如果这么算，则文殊师利当菩萨已经不止千生了。如果《十住经》明说有千生，应该指的是那些没有建设自己净土的别愿，只求久住世间的菩萨，或者指的是钝根菩萨，长期不能具足诸佛法，所以有多生。至于功德具足的菩萨，一生就会成佛。功德积满，只需一生，就不得不成佛。菩萨有两种：一种是功德圆满，自然成佛。一切菩萨在初发心时，都立过誓愿：我当度一切众生。以后心智渐渐开悟，懂得没有一佛能度一切众生，所以，诸佛得一切智，度脱可度之人，便灭度了。于是，这些菩萨觉得自己也应当这样，功德圆满就自然成佛。另一种菩萨还在肉身，再三思维，懂得度脱部分众生便须灭度，但又坚持要尽量多度众生，因而别自立愿：久住世间，与众生为缘，不得成佛。比如，有的人知道世间的一切都是无常的，不可能永恒存在，却一定要去修习长寿业行，到非有想非无想处天去，以至有获八万劫寿的。又如，往生阿弥陀佛国，可以寿命无量。

4 第六章 次问受决法并答

原典

远问曰：受决菩萨，为受真法身决，为变化之决？若受变化之决，则释迦受决于定光[①]、弥勒受莂于释迦[②]是也。斯类甚广，皆非真言。若受真法身决，后成佛时，则与群粗永绝，唯当十住菩萨共为国土。此复何功何德也？若功德有实，应无师自觉，复何人哉？如其无实，则是权假之一数。经云，或有菩萨，后成佛时，其国皆一生补处[③]。此则十住共为国土明矣。若果有十住之国，则是诸菩萨终期之所同，不应云说"或有"，"或有"而非真，则是变化之流。如此，真法身佛，正当独处于玄廓之境。

什答曰：说菩萨受记者，各各不同[④]。或有人言，为利众生故，与其受记。或以肉身菩萨⑤于无量劫久行菩萨道，为彼受记，示其果报，安慰其心耳。或云，变化粗中，有受记义，义于法身，则无此事。或有人言，受记是实事，唯应与法身受记，不应为变化身也。

"此复何功德"者，如来智德无量无边，利益十住，其功最胜，以彼利根，所受弥广故也。如《般若》中说，供养无量阿惟越致，不如一人疾作佛者⑥。言"无师自觉"者，但不目外道为师耳。此义上已明⑦。若如实语者，诸佛威仪粗事，尚不可知，何况受记深奥义乎？有众生未发心，而佛与受记。有人现前发心，不与受记。有人发心时，便与受记。有人于生死身，得无生法，而为受记。有舍生死身，受法身，而得受记，如文殊师利等是也。有菩萨，从无量诸佛受记，如释迦牟尼，从燃灯佛、莲华上佛、华上名佛乃至迦叶佛，皆从受记。有天王佛，与释迦牟尼真身受记⑧。或于大法身菩萨众中与受记。是菩萨虽于大众中，佛先受记，不以为悦。何以故？自知处处身受记故，不以一身受记为喜，亦不可见喜事故。譬如阿那婆达多龙王⑨受记时，阿阇世王⑩言，汝得大利，于大众中受记为佛。龙王言，谁受记者？若身也，身如瓦石；若心也，心如幻化；离此二法，无受记者。当知，有何利而生欢喜也？若我受记，一切众生，亦当受记。其相同故。如是无量不可思议，不应以事迹为难。又，诸佛菩萨身，无量音声说法，无量神通方便，为利益菩萨，兼利众生故，而与受决。

难言：众生"不应说云或有"者，佛法无量，不可顿尽，随时应物，渐为开示。十住之国，是诸菩萨终期所同，理故然矣。佛种种广分别诸菩萨相，故《往生品》[11]中说言"或有"。

"独处玄廓之境"者，若以独处玄廓为本，来化众生，此复何咎？诸佛从无量无边智慧方便生，其身微妙，不可穷尽。众生功德，未具足故，不能具见佛身，唯佛见佛，乃能尽耳。功德智慧等，皆亦如是。如四大河，从阿那婆达多池[12]出，皆归大海，人但见四河，而不见其源，唯有神通者，乃能见之。人虽不见，推其所由，必知有本。又，彼池中清净之水，少福众生，不能得用，从彼池出，流诸方域，尔乃得用。其佛法身，亦复如是。当其独绝于玄廓之中，人不蒙益。若从其身，化无量身，一切众生，尔乃蒙益。

注释

①**定光**：《摩诃般若波罗蜜经·叹品》："我昔于然灯佛时，花严城内四衢道头见佛闻法……是时然灯佛记我当来世过一阿僧祇劫当作佛，号释迦牟尼多陀阿伽度

阿罗诃三藐三佛陀。"《增一阿含》卷十一："尔时，定光如来观察梵志心中所念，便告梵志曰：汝将来世当作释迦文佛、如来、至真、等正觉。"然灯佛即定光佛。

②弥勒受莂于释迦：《摩诃般若波罗蜜经·梦行品》："须菩提语舍利弗，弥勒菩萨今现在前，佛授不退转记，当作佛。"《中阿含经·说本经》："佛告诸比丘，未来久远人寿八万岁时，当有佛名弥勒如来……"

③一生补处：即只需一生之后，便至无佛之处补佛位而成佛的菩萨，即候补佛。《摩诃般若波罗蜜经·往生品》："舍利弗，有菩萨摩诃萨，行六波罗蜜时变身如佛，遍至十方……闻诸佛说法，观采十方净妙国相，而已自起殊胜国土，其中菩萨摩诃萨皆是一生补处。"

④菩萨受记者，各各不同：《首楞严三昧经》卷下："菩萨受记凡有四种，何谓为四？有未发心而与受记，有适发心而与受记，有密受记，有得无生法忍现前受记，是谓为四。"《大智度论》卷七十六："有人言，有二种阿鞞跋致，一者已得记，二者未得记。得受记有二种，一者现前受记，二者不现前受记。不现前受记有二种，一者具足受记因缘，二者未具足受记因缘。"

⑤肉身菩萨：即生身菩萨，以父母所生之身而至菩萨位的人。

⑥供养无量阿惟越致，不如一人疾作佛者：《般若

经》中似没有明确的这种话。《摩诃般若波罗蜜经·遍学品》："若三千大千世界中入法位菩萨，不如向佛道菩萨百千万倍巨亿万倍乃至算数譬喻所不能及。"这句话似相近。

⑦指《次问真法身像类并答》章。罗什答说："言十住无师者，为下凡夫二乘九住已还，可非于诸佛，言无师也。乃至坐道场菩萨，尚亦有师，何况十住？"

⑧《法华经·提婆达多品》"（佛）告诸四众，提婆达多却后过无量劫，当得成佛，号曰天王如来。"

⑨**阿那婆达多龙王**：《法华经·序品》所列举的八大龙王之一，原为八地菩萨，以愿力故，化为龙王。

⑩**阿阇世王**：摩揭陀国王，幽囚父母，即位后吞并诸小国，威震四邻，建立一统印度之基。后因害父之罪遍体生疮，至佛所忏悔，即痊愈。从此皈依释迦，为佛教护法。

⑪指《摩诃般若波罗蜜经·往生品》。

⑫**阿那婆达多池**：或称阿耨达池，即喜玛拉雅山佛母岭玛那萨罗瓦湖。佛典说，此湖流出四大河，一河中有黄金，一河中有金刚石，一河中有红宝石，一河中有琉璃。实际上，此湖没有出口，潜流地中，为恒河之源。

译文

慧远问道：菩萨受决，是受佛的真法身之决，还是受变化身之决？若是受变化身之决，像释迦受定光佛之决、弥勒受释迦佛之决都是。这一类受决之说很多，都不是真实的话。若是受真法身之决，以后成佛之时，便能与凡夫、二乘之人永远隔绝，与十住菩萨同住一个佛国去。不过，这是什么功德所造成的呢？如果菩萨真有这种功德，应该无师自觉，何必要佛来授记？如果没有这种功德，那就只是为了引导众生而作的假说罢了。再有，经说，"或有"（可能有）菩萨，以后成佛时，他的佛国居民全是一生补处菩萨。此话说明，存在着十住菩萨共住的佛国净土，这是很清楚的了。但是，若是真有十住菩萨的佛国，那是诸菩萨最后的共同归宿，不应该说"或有"。现在说的却是"或有"，从这个词来说便有不真实的意思，属于变化虚幻之类。可见，菩萨也不是受佛的真法身之决。真的法身佛单独居住在无限广阔的玄妙之境，那是谁也见不到的。

罗什答道：关于菩萨受记的说法，各各不同。有的说，佛为了有利于引导众生，为菩萨授记。有的说，肉身菩萨从无量劫以来长期实行菩萨之道，佛为他授记，预示他会得到成佛的果报，为的是安慰他的心。有的说，在凡夫、二乘之人向菩萨道转变中，有授记的说法，但要说受佛的法身之记，则是没有的事。有的则说，授记是真实的事，应该受佛的法身之授记，而不应受变化身之授记。

您问：菩萨到十住菩萨的佛国去，是什么功德造成的？这个功德不是菩萨的功德，而是佛的功德。佛的智慧和功德无量无边，对十住菩萨最有功效，因为菩萨是利根，能获得较多的利益。所以，《般若经》中说，供养无量的不退转菩萨，不如供养一位快做佛的菩萨。至于您说的"无师自觉"，我在前面（第三章）已经解释过，菩萨是有师的，说他无师，是说他没有外道之师。实在说，诸佛的行、住、坐、卧的威严仪表这一类粗事，人们尚且不可知，何况授记这样深奥的事呢？有的众生还没有发心求佛道，而佛给他授记。有的在佛前发心，佛不给他授记。有的刚发心，佛便给授记。有的在生死身时，已得无生法，佛为他授记。有的舍去生死身而得法身，佛才为他授记，如文殊师利菩萨等就是这样的。有的菩萨从无量诸佛受记，如释迦牟尼从燃灯佛、莲华上佛、华上名佛以至迦叶佛等处得到授记。有一位天王佛，得释迦佛的真法身授记。有的在众多的大法身菩萨中授记。这种菩萨虽然在大众中先得佛授记，却并不因此感到高兴。为什么呢？因为他求的是众生受记为佛，不以自己受记为喜，也不见此事有什么可喜。如，阿那婆达多龙王受记时，阿阇世王说，你得大利了，能在大众中先受记为佛。龙王说，是谁受记呀？如是我的身体，身体如同瓦石；如是心受记，心如幻如化；离开身心，也别无受记的。可见，有什么大利而生欢喜呢？若我受记，一切众生也应受记，都是一样的众生嘛。像这一类不可思议之事，多得数也数不清，不应该抓住其中的一种受记而否定其他种种形式的受记。无论什么样的受记，目的是相同的。诸佛菩萨身，无量音声说法，无量神通方便，为了利益菩萨并利益众生，所以才为菩萨授记。

您批评说，不应该用"或有"一词。其实，佛法无量，菩萨能够随众生因缘而为应现，逐渐开示，这些法门深广如大海，不是几句话就能解说得完的。十住之国，是菩萨最终的共同归宿，道理当然是不错的。不过，佛种种分别无量菩萨之相，到十住之国只是其中的一种可能性，所以，《往生品》说"或有"，意思是一种可能性，这并没有什么不妥当的。

您说，佛的法身独自居住在广阔的玄妙之境，这话有道理。如说佛的根据地在玄廓之境，到十方来度化众生，这么说又有什么错误呢？诸佛从无量无边智慧方便而生，其身微妙，不可穷尽。由于众生的功德没有具足，不能见到诸佛之身的全貌，只有佛见佛，才能全部见到。佛的功德智慧也是这样的。比如四大河从阿那婆达多池流出，都流归大海，人们只见四大河，而不见它们的源头阿那婆达多池，具有神通的人才能见到。人虽见不到，却可以推知大河必定有本。还有，这池中清净的水，薄福的众生，是享用不到的，只有当它从池中流往各个地方时，才能广为众生利用。佛的法身也是这样的。当他独处玄廓之境，与世隔绝之时，人们蒙受不到他的好处。从他的法身化出无量身，遍至十方，便会给众生带来无穷的利益。

5 第七章 问法身感应并答

原典

远问曰：夫形开莫善于诸根，致用莫妙于神通。故曰：菩萨无神通，犹鸟之无翼，不能高翔远游，无由广化众生、净佛国土^①。推此而言，寻源求本，要由四大。四大既形，开以五根；五根在用，广以神通；神通既广，随感而应。法身菩萨无四大五根，无四大五根，则神通之妙，无所因假。若法身独运，不疾而速^②，至于会应群粗，必先假器。假器之大，莫大于神通。故经称如来有诸通慧^③，通慧则是一切智海。此乃万流之宗会、法身祥云之所出，运化之功，功由于兹。不其然乎？不其然乎？若神通乘众器以致用，用尽故，无器不乘。斯由吹万^④不同，统以一气，自本而观，异其安在哉？则十住之所见，绝于九住者，直是节目之高下，管窥之阶差耳⑤。

什答曰：法身义以明。法相义者，无有、无等戏论，寂灭相故。得是法者，其身名为法身。如法相不可戏论，所得身亦不可戏论若有若无也。先言无四大五根，谓三界凡夫粗法身。如法相寂灭清净者，身亦微细，微细故，说言无。如欲界天⑥身，若不令人见，则不见也。色界诸天⑦，于欲界天亦尔。又如欲界人，得色界禅定⑧，有大神通，而余人不见，以微细故。又如禅定生无数色，虽常随人，而不可见，虽有而微，微故不现。菩萨四大五根，复微于此，凡夫二乘，所不能见，唯同地以上诸菩萨及可度者，乃能见耳。

又如变化法中说，欲界变化色，依止欲界四大；色界变化色，依止色界四大。菩萨法身如是，似如变化，然别自有微细四大五根神通，非可以三界系心及声闻心所能见也。若得菩萨清净无障碍眼，乃能见之。

如《不可思议解脱经》⑨说，十方大法身菩萨，佛前会坐听法，尔时，千二百五十大阿罗汉，佛左右坐，而不能见，以先世不种见大法身菩萨会坐因缘故。如人梦中见天上之园观，及至觉时，设近不见。又如人入水火三昧⑩，若不闻者，虽共一处，都无所见。

或人言，法身菩萨神通，不须因假四大五根乃有施用。世间神通，要因四大五根耳，如地上火因木而出，天上电火从水而出。及变化火，亦不因木有，当知，不得以四大五根定为神通之本。如佛变化种种之身，于十方国施作佛事，从佛心出。菩萨法身亦如是，任其力势，随可度众生而为现身。如是之身，不可分别戏论。如镜中像，唯表知面相好丑而已，更不须戏论有无之实也。

"若神通乘众器以致用，用尽故，无器不乘"者，圣人所可引导群生器用，无非神通，皆是初通中说。神通之事，或有功行所成，或有果报所得⑪。若以果报得者，不须功业，随意应物；非果报得者，假于定力，乃有所用。

若九住、十住所见，粗细不同者，是则为异。十住所见之身虽妙，亦非决定。何故？唯诸佛所见者，乃是法身决定。若十住所见是实者，九住所见应是虚妄，但此事不然。故有所见精粗、浅深为异也。乃至须陀洹，但见实相身，十住大菩萨，亦同所见。如蚊子得大海之底，乃至罗睺阿修罗王⑫，亦得其底，虽得之是同，而深浅有异。深浅有异，则因佛法身相精粗了。声闻人及初习行菩萨，因丈六身⑬，而得实相。或有菩萨，功德纯厚，信力弥固，所见之身，过于丈六，随爱色而得实相。如《密迹经》⑭说，得无生忍阿惟越致⑮菩萨，所见佛身，无量无边，世间端正第一无比，而不取相，不生贪着，因此身已得甚深三昧陀罗尼⑯等，如是转胜。如声闻法中，所有不同。须陀洹欲得斯陀含⑰道，舍本所得大道，虽非颠倒，以斯陀含道微妙大利故，如人为大利故，舍于小利。菩萨从一地至一地亦如是。虽得无生法忍，实事为定，而得一地舍一地，以本地钝不明了、不微妙故。此二俱趣佛道，不名为异同也。不出于实相故。实相则是佛，无复别异大小。菩萨分别佛身者，所见为异。

注释

①《摩诃般若波罗蜜经·毕定品》："譬如鸟无翅不能高翔，菩萨无神通，不能随意教化众生。"

②**不疾而速**：这是用《易·系辞上》的话："唯幾也，故能成天下之务；唯神也，故不疾而速，不行而至。"所谓"不疾而速"，意思是说，神无思无为，寂然不动，但能感通万物，所以用不着急，而事可速成。

③**通慧**：神通和智慧。又，各种神通以慧为体，所以称为通慧。《无量寿经》上："诸通慧声。"《俱舍论》卷二十七："如是六通，解脱道摄，慧为自性。"

④**吹万**：语出自《庄子·齐物论》："夫吹万不同而使其自己也，咸其自取。"司马彪《庄子注》："言天气

吹煦，生养万物，形气不同。"意思是说，同样的东风吹煦万物，万物生长各自不同。

⑤《礼记·学记》："善问者如攻坚木，先其易者，后其节目。"意思是说，会砍硬木头的，先砍容易的，再砍节目。《汉书·东方朔传》："以管窥天"，后来演变为以管窥天，意思是见闻狭隘，只看事情片面。这里的"节目之高下，管窥之阶差"，意思是说，只不过难度的高低、片面性的程度不同罢了。

⑥**欲界天：**欲界天的"天"，不是指天空，而是指高于人类的上界的生类，为欲界六道之一。天的又一含义是指这些生类的生活环境。欲界共有六天：一、四天王天，二、忉利天，三、夜摩天，四、兜率天，又称睹史多天，五、乐变化天，六、他化自在天。

⑦**色界诸天：**色界有四禅十七天。初禅三天：梵众天、梵辅天、大梵天；二禅三天：少光天、无量光天、极光净天；三禅三天：少净天、无量净天、遍净天；四禅八天：无云天、福生天、广果天、无烦天、无热天、善现天、善见天、色究竟天。

⑧**色界禅定：**色界的四禅十七天是与四种禅定相对应的。色界的初禅是感受到离开欲界生活的喜乐，但仍有对事理的粗略思考活动（"寻"）和细密深入思考活动（"伺"）。二禅是断灭"寻""伺"，消除理性活动，形

成内心信仰，产生神秘直觉，由此感受到禅定自身的喜乐。三禅是舍去二禅的喜乐，住于非苦非乐境地，产生"离妙喜乐"即非常净妙的静观。四禅是进一步舍去三禅的妙乐，唯念修养功德，而得不苦不乐的极深感受。修持色界四禅，可以脱离欲界感受，和色界观想与感受相应，死后可以生于色界的四禅天。

⑨《不可思议解脱经》：《华严经》的异名。《大智度论》卷三十三："佛为诸大菩萨说《不可思议解脱经》，舍利弗、目连在佛左右而不得闻，以不种是闻大乘行法因缘故。譬如坐禅人，入一切处定中，能使一切皆水皆火，而余人不见。"

⑩水火三昧：即水火定，于水火得自在的禅定。如具此定，便使身之内外为水、为火。

⑪《大智度论》卷五："天眼有二种：一者从报得，二者从修得。是五通中天眼从修得非报得。何以故？常忆念种种光明得故。"

⑫罗睺阿修罗王：阿修罗，梵文的音译，意译非天，为欲界六道之一，居住在大海之边或海底。罗睺阿修罗王，或称罗睺罗阿修罗王，为《法华经·序品》所列四种阿修罗王之一，常被比喻为大菩萨。这里是以罗睺阿修罗王和蚊子作对比。《大智度论》卷二十二："譬如以蚊嘴犹可测海底。"卷三十一："如七尺之身，以大

海为深。罗睺阿修罗王立大海中，膝出水上，以两手隐须弥顶，下向观忉利天善见城，此则以海水为浅。"

⑬**丈六身**：身长一丈六尺，是化身佛的身量。人长八尺，佛身加倍为丈六。《观无量寿经》："阿弥陀佛，神通如意，于十方国，变现自在，或现大身，满虚空中，或现小身丈六八尺，所现之形，皆真金色。"

⑭**《密迹经》**：即《密迹金刚力士经》，西晋竺法护译。

⑮**阿惟越致**：梵文的音译，或作阿鞞跋致，意译为不退转。所谓不退转，包括三个含义：一是位不退，即已到佛门的圣贤地位，不会退转为凡夫；二是行不退，菩萨一心一意度脱众生，不会再退到小乘的声闻、缘觉中去；三是念不退，即心念总是同佛智相结合，不会再有别的念头起来。

⑯**陀罗尼**：梵文的音译，意译为总持。通常指咒。

⑰**斯陀含**：梵文的音译。其意译为一来，意思是死后生于天上，做一世天人，再生到人世，做一世的人，便能断尽生死苦恼，不再受生。斯陀含为声闻乘四果中的第二果。

译文

慧远问道：形体与外界接触，没有比眼、耳、鼻、舌、身五根更重要的，而五根的施用，则没有比具有神通时更巧妙的了。所以说：菩萨要是没有神通，就像飞鸟没有翅膀一样，不能高翔远游，无法广度众生、净佛国土。由此推论，寻源求本，菩萨神通的基础还在于地、水、火、风四大。四大构成为形体，有了五根，能接触外界；五根的施用，因神通而能扩大；因神通而扩大，便能够随众生感召而显现。但是，法身菩萨没有四大五根，没有四大五根，则无论多么巧妙的神通，都无所依托。当然，如果法身独立活动，不必匆忙则事能迅速办成，至于到众生中去活动，就一定还要依托四大五根所成之假有的形体。谈到假有形体的运用，什么也比不上神通运用之妙。经称如来具有各种神通与智慧，各种神通与智慧便是一切智海。这是万事的根本、法身祥云的源头，种种变化的功效，都是由佛的各种神通与智慧造成的。难道不是这样的吗？神通必假物质根身而显现，运用到巧妙处，没有什么物质是不能利用的。这就好像东风吹来，万物生长，万物的生长虽有不同，却都是由于东风的作用。同样的道理，众生的感应虽然表现不同，从根本上说，则都是由于神通的作用。接受神通作用这一点，众生哪有什么区别呢？可见，十住菩萨所见佛之法身，和九住菩萨所见不同者，不是由于佛的法身有什么不同，而是不同菩萨境界的高低、能力的大小有所不同罢了。

罗什回答说：什么是法身，前面已经说明。至于所谓法相，不能说有说无，因为法相就是寂灭之相。悟解了法相就是寂灭相的人，他的身体称为法身。法相不可说有说无，得法相之身也不可说有说无。先说法身没有四大五根，指的是没有三界凡夫那种粗重物质构成的四大五根。法相寂灭清净，法身的四大五根也是微细的，由于微细，可以说没有。比如，欲界天之身，如不让人见，就不能见到。色界诸天，如不让欲界天之人见，也不能见到。又如，欲界之人，得色界禅定，有大神通，其余的人是见不到的，因为微细的缘故。又如，禅定会产生无数细微的物质，常跟随着禅定之人，但不可见，虽有而微细，因微细而不现。菩萨的四大五根，比起上面所说的还要微细，凡夫和声闻、辟支佛二乘的人，都不能见到，只有同一等级以上的诸菩萨以及可度的众生才能见到。

又，拿各种变化现象来说，欲界的物质变化，依赖于欲界四大；色界的物质变化，依赖于色界四大。菩萨的法身与变化现象一样，也要依赖于四大五根，不过不是三界的四大五根，而是另外的微细的四大五根神通，非三界和声闻人普通心眼所能见。只有得菩萨的清净无障碍眼，方能见到。

《不可思议解脱经》说，十方大法身菩萨在佛前会坐听法，当时一千二百五十位大阿罗汉在佛的左右坐着，但见不到这些大法身菩萨，因为先世没有种下见大法身菩萨会坐因缘的缘故。就像人在梦中见到天上的园林景观，梦醒之后，近在咫尺也见不到。又如，人在水火三昧定中，全身内外都是水或火，若不懂之人，虽在一起，什么都看不见。

有人说，法身菩萨的神通，不须依托四大五根而能施用。世间的神通，才要依托四大五根，如地上火因木头而出，天上电火从水中出。至于变化火，却不是因木头才有，可见，不能以四大五根当作神通的根本。如佛变化种种身，到十方国施做佛事，都是从佛心中而出，并没有依托四大五根。菩萨的法身也是这样的，凭仗其神通力势，随可度的众生而现化种种之身。这样的菩萨法身，不可说有说无。如镜中的人像，人们从中知道面相的好丑罢了，用不着议论是实有还是实无。

您说："神通必假物质根身而显现，运用到巧妙处，没有什么物质是不能利用的。"其实，所谓圣人利用神通，驾驭万物，引导群生，是指初得神通的人说的。严格说来神通有两种：有的是功行所成，有的是果报所得。如是果报所得，不须功业，随意应物；不是果报所得的，凭借定力，才能使出神通。

您又谈到九住菩萨和十住菩萨所见佛身不同的问题。九住和十住所见之佛身，粗细不同，确有区别。不过，十住见到的佛身虽然微妙，也不是真实的。为什么呢？因为只有诸佛所见到的，才是真实的佛的法身。如十住所见的是真实法身，九住所见应是虚妄，但不是这么回事。九住、十住所见，只有精粗、深浅的不同罢了。即使须陀洹所见的实相身，同十住大菩萨所见也是相同的。就像蚊子能到大海之底，罗睺阿修罗王也能到大海之底，虽然都能到底，深浅自是不同。同样的道理，须陀洹和十住大菩萨所见佛的法身精粗不同，也就是所见的深浅不同而已。声闻人以及开始修菩萨行的人，从佛的丈六金身，悟得实相。有的菩萨功德纯厚，信力坚固，所见的佛身之大超过丈六，因爱慕佛而悟得实相。按《密迹经》所说，得无生法忍阿惟越致的菩萨，所见的佛身，其大无量无边，世间端正第一无比，但菩萨不取相，也不贪着，因为自己已得甚深三昧陀罗尼等，由于不着相的缘故，功德反而更为殊胜。这和声闻法中所见的佛的丈六身相有所不同。当然，须陀洹欲得斯陀含道，舍去本来所得的须陀洹道，这并不是颠倒的做法，而是因为斯陀含道有微妙大利，就像人为了得大利而舍小利一样。菩萨从一地升到另一地也是这样的。虽然已得无生法忍，已得实相，但得一地舍去一地，是因为本地对实相还不够明了、不够微妙的缘故。须陀洹登上斯陀含，菩萨从一地登上更高的一地，这两者都是通往佛道，在这一点上，没有什么不同。因为都是为了悟得实相，实相就是佛，在这一点上，不必再说大乘小乘的不同。至于小乘、大乘以至九住、十住菩萨所见的佛身不同，则还是有区别的。

6 第九章 次问答造色法

原典

远问曰：经称，四大不能自造，而能造色①。又问：造色能造色不？若能造色，则失其类。如其不能，则水月、镜像，复何因而有？若有之者，自非造色如何？又问：水月、镜像，色阴之所摄不？若是色阴，直是无根之色，非为非色。何以知其然？色必有象，象必有色。若像而非色，则是径表之奇言，如此，则阿毗昙复而无用矣。

什答曰：经言，一切所有色，则是四大及四大所生②。此义深远难明，今略叙其意。地、水、火、风，名为四大，是四法，或内或外③。外者何也？则山、河、风、热等是。内者，则骨、面、温、气等是。四大如是，无所不在，而众生各各称以为身，于中，次生眼等五根。五根虽非五识所知，亦不得谓之无也。所以者何？譬如发爪，虽是身分，无所分别，以离根故。又如癞病之人，身根坏败，虽有皮肉，而无所觉。是故当知，皮肉之内，别有觉用，又能生身识，以是故，名为身根。假令身肉但有身根者，以指触食，唯知冷热，不知香味，是故当知，别有鼻、舌根等。

若然者，四大之身，必生五根，分别五尘④故。五根之色，其为微细⑤，非五识所知，难了难明，是故佛名四大所生色。若问：五根难明，佛名四大生色者，五尘何以复名四大所生色耶？答曰：五尘亦复微细。如水月、镜像等，虽复眼见，无有余尘。若离余尘，则非是色。若声从触有，谓为可闻，无有住处，时过则灭，因缘虽存，无声可闻。若香离色、味、触，则不可得。味、触亦然⑥。是故五尘，亦名四大所生色，以其小故。

或言，身根遍于一体，其余四根，少分处生。如瞳子内针头之处，眼根见色，余处因此总名为眼。其余根皆亦如是。然身根所触，审有所觉。凡夫之人，身所觉事，以之为实。如人得罪于官，苦以刀杖治之，终不以余尘为用也。乐亦如是。众生多五欲⑦，于细滑中，淫欲偏重，乃有随而死者，是故，佛经或以之为初。又如，人昼见于色，暗中虽无所见，以身触故，便得其事。当知，身根常有实用，余根无有此力。又，身根遍生身识，是故身所觉法，名为四大。

若问：身根所觉有十一事⑧，何故但说四法为大也？答：其余七法，皆四大所摄。四大为根本，是其气分耳。轻重是觉分，坚是相密，若分散则为轻物，若集之则为重物。涩亦然。地有二种：一微尘，次密相近，名为滑物。若微尘疏远，名为涩物。寒是风水之分。水常冷相，若与火合则热，离火还归本相。风亦冷相，若火力偏多，名为热风，离火还为冷风。如热时摇扇，即得冷风，又身内风发，便令体冷，若服热药，冷风则止。水有二相：一为流相，二为冷相。经中多说流相，以相常有不可坏故。一切法皆有二相：客相、旧相。佛通达一切法本末故，说其旧相。如水或与火相，可使为热，流是旧相，虽与热合，犹不舍流相。是故寒是水所摄。饥渴者，以人腹内风火力故消食，消食已则从克人身，是故饥，虽食难消之物，而无所患，以能消故。若如是分别，四大气分，乃应无量，如长短、此彼、粗细、方圆、燥湿、合散等，皆可以身根觉知，何止七事耶？佛是一切智人，是故但说四大色及四大所生色。

或言，眼见草木，从种出生，如是细为粗因。如种中无树，推树为从何来？有人言，无因无缘，自然而生；或有人言，万物皆从天生；有人言，从微尘生；

有人言，从常性生；唯佛言，从四大生，所谓种中地、水、火、风也。此中虽有余物，佛但说四大，以四大能利成果故。坚相能持，水相能烂，火相能成熟，风相能增长。如是，树得成茂，色等无有此用，是故不说。又内四大。人初入胎时，地能持之，水能和合，火能成熟，风能开诸窍，令得增长。尔时，小儿未有眼等根故，不能分别，以初得身根故，而分别四大所能。是故说一切色，皆四大为根本。如经说六种[9]、十二触[10]、十八意行[11]、四善处[12]，名之为人。是中分别义者，如小儿初入胎时，未有眼等故，但有六种：四大、虚空及识。虽有色、香、味等，以其不觉，不为利益，故不说也。六入[13]既成，于外粗受乐，名为触[14]生受[15]。而复意识，常多发用，眼识所见色，分别好丑中间，乃至意所知法，分别好丑中间，是名十八意行。又终能住于四善之处，所谓乐分别诸法是智慧处，乐实不虚是诚谛处，乐舍则舍恶是舍处，乐离愦闹是寂灭处。

或言，次第而生。如大劫尽时，无所复有，唯有虚空。尔时虚空中，有诸方风来，互相对持。后有天雨，风持此水。水上有风，扰动而生水沫，水沫积厚，于乃成地，从生草木等。佛观一切水色，初始皆从风出，以能持故，是以说，所有尽皆以四大为根本。今之色、味等，亦为四大因缘，四大亦为色等之因缘，但以初得名故。如谷子中，大有色有味等，芽时色味等亦有四大，但分别先后因果，得其名耳。如内四大，初入胎时，识系在赤白不净之中，虽有色、香、味，以无眼等故，不觉不知，唯有身根，觉知四大有用。佛因此心故，说四大为生色之本。是故十二因缘⑯中第三因缘时，虽有四大所生色，以微细未能遮识，识力增发故，说识因缘名色。歌罗罗⑰时中四大成就，反名为色；歌罗罗时中识成就，反名为名。所谓成就者，了了相现也。是故说内四大，为生色之本。

佛言，所有色，四大、四大生有，是总相说耳。或有三大、二大、一大。四大者，如身也。三大者，如死人身，中无有火大。二大者，如热水、热风、热合名等。一大者，如风，风中无有地、水也。四大生色中亦如是，或四或一。如饮食有味、香、触。如净洁玉器承天雨，但有色、味、触，无有香气，地气合故乃可有香。如火从珠日出者，无香无味，但有色、触，烧为触，照为色。如镜像、水月，唯有一色。

"四大不能自造，而能造色"者，经无此说，亦无"造"名。但传译失旨耳。佛唯说，所有色，若四大、四大所生。因四大复生四大，如种中四大，复生芽中四大，芽中四大所生色，复生四大所生色，亦互相生如前说。又外道说，四大是常，无时不有。若佛说，诸所有色，皆是四大，则外道增其邪见。是故佛言，色非唯四大而已，因四大故，更有色生，是名四大所生色。是色有三种：善、不善、无记⑱。以善身、口业色，能生天、人报四大；不善身、口业色，能生三恶处报四大；无记色，自然因⑲、共生因⑳。阿毗昙中亦如是说。若然者，云何言四大不自生也？如人还生人，或生畜生，而生中不正说。从四大生者，皆是四大所生色，如阿毗昙分别，四大一阴一入界所摄㉑。若但四大，则无别阴、界、入，以四大少故。四大所生色阴，十一入、十一界所摄㉒。若但四大所生色，则无别阴也，十入、十界所摄。如是四大、四大所生色，虽复自生，生彼无咎。所以者何？生生之大，以有空名。如前说水月、镜像，阿毗昙人有法相者，谓是阴、界、入所摄。如经说，三种色：有色可见有对㉓、有色不可见有对㉔、有色不可见无对㉕。又如不见、不闻、不嗅、不味、不触，尚名为色，何况眼镜像，如非色耶？是故水月、幻、化等，是可见色，而佛法为度众生故，说水月、镜像、影、炎、化、喻等，默人终不贪着，谓之为有，是故以为空喻。

如幻化色，虽是不实事，而能诳惑人目。世间色像，亦复如是。是以过五百年后，而诸学人多着于法，堕于颠倒。佛以幻化为喻，令断爱法，得于解脱。是故或时说有，或时说无。凡夫人无有慧眼，深着好丑、粗细等，起种种罪业，如是何得言无耶？佛说，一切色，皆虚妄颠倒不可得触，舍离性，毕竟空寂相。诸阿罗汉以慧眼，诸菩萨以法眼，本末了达，观知色相㉖，何得言定有色相耶？诸佛所说好丑此彼，皆随众生心力所解，而有利益之。法无定相，不可戏论。然求其定相，来难之旨，似同戏论也。

注释

①苻秦僧伽跋澄等所译《尊婆须蜜菩萨所集论》卷一："如是色非相，四大所造色有何等异？或作是说无异也，诸四大即是造色。……或作是说，诸缘彼四大、四大所兴色。问：四大亦因四大欲使是兴色耶？答曰：彼虽因四大，有若干所因，四大是兴色相。"这一段，可以作为慧远引文参考。

②苻秦僧伽跋澄所译《毗婆沙论·阴处》说："故契经说，色阴云何？诸所有色，彼一切四大及四大造色。"

③《毗婆沙论·界处》说，外地界为房屋墙壁、树木、岩石、山、金银等，内地界为发、毛、爪、齿、筋骨等；内水界为眼泪、涎唾、膏肪、脑髓、脓血等，外水界为涌泉、深渊、流水、河水等；内火界为身热、温暖等，外火界为炬火、灯火等；内风界为下风、上风、

支节风等，外风界为尘土风、无尘风、随蓝风等。

④**五尘**：即色、声、香、味、触五种可感觉的对象，因污染真理，所以称为尘，又称微尘。

⑤**五根之色，其为微细**：所谓五根，相当于五种感觉器官，但确切地说，是指分别散布在五种感觉器官上面、具有某种特性的因素，即能进行感觉的若干微细的质点。如眼根不是指眼球，而是散布在眼球各处具有视功能的因素（质点）；鼻根不是鼻子，而是散布在鼻孔里面具有嗅功能的因素（质点），耳、舌、身五官也是如此。注：为四大所生色。

⑥本书第一章《初问答真法身》中，罗什曾论述说："而今有香之物，必有四法：色、香、味、触；有味之物，必有三法：色、味、触。"可参看。

⑦**五欲**：指财欲、色欲、饮食欲、名欲、睡眠欲。

⑧《杂阿毗昙心论》卷一："触入者十一种，谓四大及七种造色。七种造色，谓涩、滑、轻、重、冷、暖、饥、渴。涩者粗强，滑者细软，轻者不可称，重者淳厚，冷者求暖，饥者欲食，渴者欲饮。问：何大增故涩滑乃至饥渴？答：……复有说，水火增故滑，地风增故涩，地水增故重，风火增故轻，水风增故冷，风增故饥，火增故渴。"

⑨**六种**：指地、水、火、风、虚空以及识。

⑩**十二触**：又称十二入，即六根与色处、声处、香处、味处、触处、法处六境；或说，六根与四大、虚空、识，为十二触。

⑪**十八意行**：不知指什么，按"六种、十二触、十八意行、四善处，名之为人"来说，十八意行应即十八界，即六根、六境加眼识、耳识、鼻识、舌识、身识、意识六识。

⑫**四善处**：指智慧处、诚谛处、舍处、寂灭处。

⑬**六入**：六入指主体具有的感觉机能、感觉器官已经完备，一般认为这是在母胎中最后成熟的时候。

⑭**触**：指主体同外界的接触，一般认为属婴儿时期。

⑮**受**：指对于客观事物有了感受乐苦的能力，一般指少年时期的状况。

⑯**十二因缘**：十二因缘，是人一生的十二个环节，它们前后之间构成互为因果、互为生灭的条件。其内容为：无明、行、识、名色、六入（六处）、触、受、爱、取、有、生、老死。

⑰**歌罗罗**：梵文的音译，又作歌罗逻、羯罗蓝。初受胎七日之时，寄托于此时的心识，即十二因缘中的第三因缘——识，称为歌罗罗。

⑱**善、不善、无记**：业，通常分身业、口业、意业

三种。也按性质，分善、不善、无记三种。所谓无记，即无分别，为中性。能感招有益于众生身心之果的，是善业；能感招有害于众生身心之果的，是不善业；能感招无益也无害于众生身心之果的，是无记业。

⑲**自然因：**又称自种因、自分因、同类因。因果相似、相类，名为同类，同类的因，名为同类因。所谓同类，指善、不善、无记同类，如善为善的因，不善为不善的因，无记为无记的因。

⑳**共生因：**又称俱有因、共有因。宇宙万物的因果关系，从时间上说，有同时的，有不同时的，共生因就是在同一时间上所立的因果法，即同时而起的对于产生结果有着同一作用的原因。

㉑**四大一阴一入界所摄：**一阴，色、受、想、行、识五阴中之色阴。一入，六根、六境中的色处。界，应为一界，即六根、六境、六识中的眼识。"四大一阴一入界所摄"，意思是说，四大属于色阴、色处，为眼识的对象。

㉒**四大所生色阴，十一入、十一界所摄：**这里所说的十一界，实际上便是十一入。六根、六境合为十二入，六根、六境与六识合为十八界，除去六识，则十二入与十二界的内容相同。十二入、十二界之中，色处相当于色阴，只是范围较窄，专指眼根所识别的对象而

言。按罗什这里所说，即四大所生色，为其他十一入、十一界所摄。

㉓**有色可见有对**：指眼根所识别的对象，颜色、形色以及来、去、坐、卧等表相状的对象物等。

㉔**有色不可见有对**：指声、香、味、触等四尘以及眼、耳、鼻、舌、身等五根，都为不可见的对象物。

㉕**有色不可见无对**：指没有相状从而也不可眼见的对象物，即"无表色"。见《大智度论》卷二十、《俱舍论》卷十三。

㉖**肉眼、天眼、慧眼、法眼、佛眼**，总称为五眼，是指五种不同的认识。肉眼、天眼属于世俗的认识，慧眼、法眼、佛眼属于贤圣的认识。"以慧眼观诸法皆虚妄，唯涅槃为实。"这就是说，慧眼就是视世间一切皆空的智慧，这是整个般若认识过程的初级阶段。"但慧眼不能度众生。所以者何？无所分别故。"无所分别的认识，也称无分别智，如停止于此，也是一种执着，还必须运用它分析具体事物，拯救迷惘于诸法实有中的众生，这就是法眼的任务。"引导众生令入（实）法中，故名法眼。"至于佛眼，则是"无法不见、不闻、不知、不识"。见《大智度论》卷三十三、卷四十。

译文

　　慧远问道：经说，地、水、火、风四大不能自造，而其他种种物质（色）则都是由四大组合所造成。问：四大所造的色，能否再造出别的色呢？如果能造出别的色，那么，造者和被造者不是一类，被造者怎么又成为造者呢？如果不能，那水中之月、镜中之像，又怎么会产生呢？水月镜像是存在的，难道不是由色所造成的吗？又问：水月镜像，是不是属于物质性的色阴？如是色阴，可以说它是无根之色，但不能说不是色。怎么知道它也是色呢？因为色必有形像，有形像的必定是色。若是说，有形像的不是色，那便是奇谈怪论，整个阿毗昙经典都成了没有用的东西，可以把它们当作废纸用了。

　　罗什回答道：经说，一切物质性的色，都是四大和四大组合而生。这个道理很深，不容易弄明白，只能大概谈谈。地、水、火、风，叫作四大。四大有内有外。什么是外四大呢？那就是山、河、风、热之类。内四大，就是人的骨、面、温、气之类。内外四大，无所不在，众生的身体，便是由四大组合而成的，形成了身体，又生出了眼、耳、鼻、舌、身五根。五根不是眼识、耳识、鼻识、舌识、身识五识所能认识的，但不能说没有。为什么呢？比如指甲和头发，是身体的一部分，可是没有根，所以，或有或无都没有关系。又如得了癞病的人，身根已败坏，虽然皮肉还存在，也不会有触觉。由此可知，产生触觉的不是指甲和头发，也不是皮肉，皮肉之内，另有产生触觉的东西，这种东西又能产生身识，所以，把这种东西叫作身根。还有，假使身体只有身根，那么，用指头摸触食物，能知道食物的冷热，不会知道香味，可见，身体不只具有身根，还有鼻根、舌根等。

　　既是这样，四大所构成的身体，一定生出五根，这才能分别觉知色、声、香、味、触五尘。五根这种物质性东西，非常微细，不是五识所能认识，很难了解清楚，所以，佛笼统地称之为"四大所生色"。有人要问：五根很难了解清楚，佛称为"四大所生色"，那么，为什么五尘也称为"四大所生色"呢？回答是：因为五尘也是很微细的。如水中之月、镜中之像这一类东西，虽然眼睛可以见到形像，却没有其余的声、香、味、触四尘。离开了其余的声、香、味、触四尘，就不是物质性的色。如从触中可以得声，能够听到，但声音不能留存，一过去就没有了，触和声的因缘虽在，却没有声音可闻了。如果香离开了色、味、触，便没有香。味离开了色和触，也就没有味了。五尘也是微细的，所以也叫作"四大所生色"。

有人说，身根遍于全身，其他四根，则只长在身体的一小部分上。如眼瞳内针头之处，才是眼根，眼根可以看见东西，眼的其余部分也由此总称为眼。别的三根也是这样的。但身根接触广泛，凡所接触的，便确能有所觉知。凡夫中的人，身根所觉知的，也总以为是实在的。比如人被官府所捕，身体触受刀杖之刑，很以为苦，而对其他的色、声、香、味，却始终不觉。快乐也是这样的。众生的五欲很多，比较来说，男女之间的淫欲偏重，甚至有由此而死的，所以，有的佛经中谈五欲时，以男女淫欲为先。又如白昼见到物质性的东西，黑暗中虽见不到，身体接触，就可以知道。可见，身根常有实用，别的根没有这种力。又，身根使全身具有身识，因此，五根之中身根最重要，凡身根所觉知的，才称为四大。

有人问：身根所觉知的有十一种，为什么只说四大？答：其他七种（涩、滑、轻、重、冷暖、饥、渴）现象，四大都包括了。四大是根本，其他七种是四大组合的不同类型罢了。如轻重是对坚硬东西的触觉，密度大的成为坚硬的东西，其中比较松散的成为轻物，比较集中的则成为重物。涩也是这样。地有两种：一是相近的微尘顺次密集，叫作滑物。如微尘比较疏远，叫作涩物。寒是四大中风和水的特性。水常是冷的，如与火合便热，离开火恢复为冷。风也是冷的，如火力偏多，叫作热风，离开火还是冷风。就像天气热时摇扇，得的是冷风，又身体内部的风一发动，会使身体发冷，服下热药，冷风就停了。水有二相：一是流相，二是冷相。经中常说水的流相，因为水的流相是经常的、不可破坏的。一切现象都有二相：客相、旧相。佛通晓一切现象的本末演变，常说的是水的旧相。如水如与火相合，可以使水变热，但流是水的旧相，水虽变热，并没有丧失流相。所以，寒属于水。饥、渴也是四大所造成的，人腹内因风、火之力而消化食物，消化之后不再进食，风、火之力就会损伤人身，所以，饥饿中即使吃了难消化的食物，也不会生病，因为能消化。若是这样分别详细地说，四大组合而成的类型应该无数，如长短、彼此、粗细、方圆、燥湿、合散等，都可以凭身根觉知，又何止七种呢？佛是具有一切智的人，所以只说四大和四大所造色。

有人说，可以见到草木是从种子生出来的，一切事物都像这样，细（种子）是粗（草木）的因。要是种子中没有树，那树从哪里来的呢？也有人说，无因无缘，自然而生；有人说，万物都从天而生；有人说，从微尘生；有人说，从常性生；只有佛说，从四大而生，即从种子中的地、水、火、风生。种子中虽然还有别的物质性东西，佛只说四大，因为只有其中的四大能使树木成长。地是坚相，能保持树的因素，水相能滋润，火相能成熟，风相能增长。正是四大，使树木能够成长茂盛，其他的物质没有这种作用，因而不说了。再说内四大。人初入胎时，地能保持，水能和合，火能成熟，风能开七窍，使人胎能增长。那时小儿还没有生出眼根、耳根、鼻根、舌根等四根，因此，还不能认识事物，不过已初得身根，可以分别感受到四大。所以说，一切色（物质），都以四大为根本。经中说，六种、十二触、十八意行、四善处，称之为人。这是分阶段地说明人的全部成长过程。小儿初入胎时，已是"名色"，由于没有眼等六根，只说六种，即地、水、火、风、虚空和识。此时虽有色、香、味等六境，因胎儿不觉，不为利益，所以不说。有了眼、耳、鼻、舌、身、意六入，具有接受外部事物进入认识内部的机能，接触到外界事物，有了乐或苦的感受，这叫"触生受"。以后有了意识，意识常常发生作用，对于眼见之物，分别好丑，以至对意识所知的现象也分别好丑，这叫十八意行。又终于能住在四善之处，即乐分别诸法是智慧处、乐实不虚是诚谛处、乐舍则舍恶是舍处、乐离愦闹是寂灭处。

有的讲宇宙的生成秩序。大劫尽时，一切都毁灭了，只有虚空。虚空之中，风从各方吹来，互相对持。后来天下雨，风挟带雨水而来。水上有风，把水扰动得产生水沫，水沫积累厚了，形成大地，由大地而长出草木。佛观察一切现象，最初都从风出，因为风能保持，接着，地、水、火发生作用。因此，佛说所有的色都以四大为根本。从宇宙万物产生到现在，色、味等是四大因缘而有，四大也是色等因缘而有，只不过四大在先，所以只说四大。如谷子中的四大有色有味等，发芽时的色和味等之中也有四大，只是按先因后果来说，只说四大。如人身的骨、面、温、气内四大，初入胎时，识就是依附在红白不净的内四大之中的，虽有色、香、味，但没有眼等感觉器官，不能觉知，只因有身根才觉知四大的作用。心识引起四大的作用，不断组合为种种色，因此，佛说四大是产生种种色的根本。当十二因缘中第三因缘这个阶段，四大所生色十分微细，不能遮蔽识，识力增发，身心都得到发育，所以说"识缘名色"。歌罗罗时，四大成就人胎，叫作色（五阴中的色阴）；歌罗罗时的心识成就，叫作名（受、想、行、识四阴）。所谓成就，指的是它们清楚明白地表现出来了。所以说，内四大是身体各种物质产生的根本。

佛说，所有的色，是四大和四大的组合所生，这是从总相说的。具体地说，也有三大、二大、一大组成的。如人身，是四大组成的。至于死人的尸体，只有三大，没有火大。二大组成的，如热水、热风以及称为热的组合物。只有一大的，如风，风中没有地大、水大。四大如此，四大所产生的色也是如此，有的同时具备色、香、味、触四者，有的只具其中之一。如饮食，同时具备色、香、味、触。用洁净的玉器承接天雨，只有色、味、触而没有香气，与地气合才会有香。如从珠日（疑为太阳）出来的火，无香无味，只有色和触，烧（温暖）是触，照（光）为色。如镜中像、水中月，便只有色一种。

您说："四大不能自造，而能造色"，经中没有这个说法，也没有"造"这个词。这是传译失误的缘故。佛只说过，所有的色，是四大和四大的组合所生。因为四大再生四大，如种子中的四大，再生芽中四大，芽中四大所生色，再生四大所生色，互相产生，这一点，前面已经说过。又，外道说，四大是永恒的，无时不有。如果佛说，各种色都是四大，那就会使外道更觉理直气壮。所以，佛说色不只是四大，由于四大的组合，更有许多色产生，这些色叫作四大所生色。按性质而言，四大所生色有三种：善、不善、无记。善的身业、口业之色，能产生天人果报的四大；不善的身业、口业之色，能产生地狱、饿鬼、畜生果报的四大；无记之色与同时成为同类的无记果报的自然因、共生因，即能产生无记果报的四大。阿毗昙中也是这样说的。由此可见，怎么能说四大不自生呢？如人死后投胎再生为人，或生为畜生，至于怎么投胎而生就不说了。由四大而生的，都是四大所生色，按阿毗昙的说法，四大属于五阴中的色阴，十二入中的色处，为十八界中之眼识的对象。如果只说四大，那就不需要再与阴、界、入分别，因为四大就是一阴（色阴）、一入（色处）、一界（眼识对象）的一少部分。至于四大所生的色阴，为其他十一入、十一界所识别的对象。如果只说四大所生色，则与色阴没有区别，为十入、十界识别的对象（关于四大、四大所生色与阴、界、入的关系，这里说得较混乱，疑有脱漏错衍，但无可查考，不敢妄断，只好按原文勉强译出，不见得符合原意，请读者照原文为准考虑——译者敬附言）。由此可见，四大和四大所生色，说是既自生又生他色，没有什么错误。为什么呢？因为生生不已，其实都是空。当然，对于这个问题有不同的说法。如前面讲的水中之月、镜中之像，坚持法相观点的阿毗昙学者便认为是阴、界、入所摄。又如，经说三种色：有色可见有对、有色不可见有对、有色不可见无对。又如，有的认为，不见、不闻、不嗅、不味、不触的东西，尚且称为色，何况眼中所见的镜中之像，哪能不是色呢？所以，水月、幻、化等，是可见的色，而佛法为了度脱众生，以水月、镜像、影子、烟、化等作比喻，估计这一类东西凡人虽以为有，却不会贪着，所以用来作为空的比喻。

如幻化色，虽然不是实在的事物，但能诳惑人的眼睛，使人误以为实有。世间的种种色相，也是这样的。佛灭五百年后，学佛道的人多执着于世间色相，误以为实，堕于颠倒之见。佛预见到这一点，便以幻化为比喻，说明世间色相原是幻化，使学佛道之人能够断绝对世间现象的贪爱，得到解脱。所以，关于世间现象，佛有时说有，有时说无。凡夫中人没有慧眼，深深地执着于世间现象的好丑、粗细，由此产生种种罪业，照此，怎么能说世间现象为无呢？佛说，一切色，都虚妄颠倒，不可得触，没有自性，毕竟空寂相。由于佛的教化，诸罗汉才具慧眼，诸菩萨才具法眼，观知色相，懂得色相假有、本性空寂之理，照此，怎么能说世间色相一定实有呢？当然，诸佛曾说世间色相的好丑彼此，都是为了开悟众生，随众生的心力所能理解而说的，全看具体情况而定，不说定有，也不说定无。其实，法无定相，整个世界如幻如化，不可戏论真假有无。您提问的目的，是要追求一种真实的有，那也就和戏论一样了。

7　第十章　次问罗汉受决并答

原典

来答称，《法华经》说，罗汉受记为佛，譬如法身菩萨净行受生故，记菩萨作佛①。居此为法身之明证。

远问曰：经说，罗汉受决为佛。又云，临灭度时，佛立其前，讲以要法。②若此之流，乃出自圣典，安得不信？但未了处多，欲令居决其所滞耳。

所疑者众，略序其三：一谓声闻无大慈悲；二谓无沤和、般若③；三谓临泥洹时，得空空三昧④时，爱着之情都断，本习之余不起，类同得忍菩萨，其心泊然，譬如泥洹后时。必如此，爱习残气，复何由而生耶？斯问以备于前章。又，大慈大悲，积劫之所习，纯诚著于在昔，真心彻于神骨。求之罗汉，五缘⑤已断，焦种不生，根败之余，无复五乐⑥，慈悲之性，于何而起耶？又，沤和般若，是菩萨之两翼⑦，故能凌虚远近，不坠不落。声闻本无此翼，临泥洹时，纵有大心，譬若无翅之鸟，失据堕空，正使佛立其前，羽翮合由顿生？若可顿生，则诸菩萨，无复积劫之功。此三最是可疑，虽云有信，悟必由理，理尚未通，其如信何？

什答曰：一切阿罗汉，虽得有余涅槃⑧，心意清净，身、口所作，不能无失念。不智之人，起不净想。其实无复别有垢法。⑨如人锁脚，久久乃离，脚虽不便，更无别法。⑩阿罗汉亦如是。从无始生死来，为结所缚，得阿罗汉道，虽破结缚，以久习因缘故，若心不在道，处于愦闹，因妄念，令身、口业而有失相。是人入无余涅槃时，以空空三昧，舍无漏道⑪，从是以后，永无复有身、口业失。时间促故，不应难言更当起也。

又谓，以空空三昧，能断余习者。是事不然。何以故？用此三昧，舍无漏者，则非无漏定，若然者，何得谓烦恼习气都尽耶？

又，阿罗汉还生者，唯《法华经》说，无量千万经皆言，阿罗汉于后边身灭度。而《法华经》是诸佛秘藏，不可以此义，难于余经。若专执《法华经》以为决定者，声闻三藏及余摩诃衍经，寝而不用。又有经言，菩萨畏阿罗汉、辟支佛道，过于地狱。⑫何以故？堕于地狱，还可作佛。若尔者，唯有《法华》一经可信，余经皆为虚妄。是故，不应执着一经，不信一切经法，当应思维因缘，所以取涅槃，所以应作佛。然五不可思议^⑬中，诸佛法是第一不可思议。佛法者，谓阿罗汉涅槃当作佛，唯佛知之。^⑭又，声闻人以爱为集谛^⑮，阿罗汉爱尽故，则无复生理。摩诃衍人言，有二种爱：一者三界爱；二者出三界爱，所谓涅槃，佛法中爱。阿罗汉虽断三界爱，不断涅槃佛法中爱。如舍利弗心悔言：我若知佛有如是功德智慧者，我宁一劫于阿鼻地狱^⑯，一胁着地，不应退阿耨三菩提。

又，《毗摩罗诘经》：摩诃迦叶与目连悔责，一切声闻，皆应号泣。^⑰此是爱习之气。又，《首楞严三昧》中说，如盲人梦中得眼，觉则还失，我等声闻智慧，于佛智慧，更无所见。^⑱此似若无明。如是爱、无明等往来世间，具菩萨道，乃当作佛。设入菩萨道，尚不得同直修菩萨道者，何况同无生法忍菩萨也。何以故？是人于众生中，不生大悲心，直趣佛道，但求自利，于无量甚深法性中，得少便证。以是因缘故，教化众生，净佛国土，皆为迟久，不如直趣佛道者疾于成佛。

又，阿罗汉慈悲，虽不及菩萨慈悲，与无漏心合故，非不妙也。如经中说，比丘慈心和合，修七觉意^⑲，设断五道^⑳因缘者，慈悲犹在。发佛道心时，还得增长，名为大慈大悲。如《法华经》中说，于他方现在佛闻斯事，然后发心。㉑又涅槃法，无有决定不相应焦罗汉㉒耳。何以故？涅槃常寂灭相，无戏论诸法。若常寂灭无戏论，则无所妨。

又，诸佛大菩萨，深入法性故，不见法性又三品之异。但为度众生故，说有三分㉓耳。

"沤和、般若是菩萨两翅"者，而《法华经》义不以此说也。是《般若波罗蜜经》㉔，经中赞叹般若波罗蜜故。有菩萨离般若波罗蜜，但以余功德求佛道者，作此喻也。是故佛言，虽有无量功德，无般若、沤和，如鸟无两翅，不能远至；如是成阿罗汉，到于涅槃，大愿以满，不能复远求佛道。若《法华经》说，实有余道㉕，又诸佛赞助成立㉖，何有难事哉？佛有不可思议神力教化，能令草木说法往来，何况于人？如焦谷不能生，此是常理。若以神力、咒术、药草力、诸天福德愿力，尚能移山住流，何况焦种耶？如以无漏火，烧阿罗汉心，不应复生；但以佛无量神力接佐，何得不发心作佛也？假使佛语阿难㉗，作众恶事，以恭敬深爱佛故，尚亦当作，何况佛记言作佛，为开其因缘，而不成佛乎？如大医王，无有不治之病，如是佛力所加，无有不可度者。又阿罗汉于涅槃不灭，而作佛者，即是大方便也！

又，菩萨先愿欲以佛道入涅槃，无般若、方便故，堕声闻、辟支佛地，如无翅之鸟。今阿罗汉，欲以声闻法入涅槃，或于中道，以有漏禅，生增上慢[28]，如无翅鸟，不得随愿，便当堕落。若能随佛所说，与禅定、智慧和合行者，得入涅槃。是名阿罗汉中有二事：以禅定为方便，无漏慧为智慧。

又，佛说般若波罗蜜时，未说《法华经》。《法华经》是诸佛欲入涅槃时，最后于清净众中，演说秘藏。[29]若有先闻者，心无疑难。而诸阿罗汉谓，所愿以毕，佛亦说言，阿罗汉末后身灭度。菩萨闻已，于阿罗汉道则有畏。今略说二因缘，故佛有此说：一者，秘《法华》义故，多令众生乐小乘法，得于解脱；二者，欲使菩萨直趣佛道，不令迂回。所以者何？阿罗汉虽疾证无为法，尽一切漏，得到苦边，后入菩萨道时，不根明利，习大道为难，以所资福德微薄故。若无此二因缘者，阿罗汉终归作佛，不应为作留难也。

注释

①指本书第一章《初问答真法身》鸠摩罗什答复中所说。

②《法华经·化城喻品》："诸比丘，若如来自知涅槃时到，众又清净信解坚固，了达空法，深入禅定，便集诸菩萨及声闻众，为说是经。"

③**沤和、般若**：沤和，梵文的音译，意译为方便，即根据具体情况，采取不同的方法或说法。般若，梵文的音译，意译为智慧，但不是一般意义上的智慧，而是特指悟解佛教真理的智慧。《维摩诘所说经·佛道品》说："智度菩萨母，方便以为父，一切众导师，无不由是生。"可见沤和般若的重要性。

④**空空三昧**：阿罗汉先以无漏智观诸法皆空，以空破有，叫作空观，由此空观直接得出"无我""无我所"的结论。然后，再以无漏智观那个破有的空，把那个空也破得干干净净，这种以空舍空，叫作"空空"（前面的"空"字是动词）。空空三昧，即悟得空空的三昧（禅定）。《摩诃般若波罗蜜经·问乘品》："何等为空空？一切法空，是空亦空，非常非灭故。何以故？性自尔，是名空空。"本书第十七章《次问遍学并答》中，鸠摩罗什说："又，声闻经言，入泥洹时，以空空三昧等，舍于八圣道分。"

⑤**五缘**：持戒清净、衣食具足、闲居静处、止诸缘务、近善知识，称为五缘。

⑥**五乐**：已悟得"空空"的声闻、缘觉二乘，如谷种之枯焦者、诸根之败坏者，称为焦种败根。如《成实论·明因品》："阿罗汉无漏智慧烧烦恼，故不应复生如焦种子不能复生。"《维摩诘所说经·佛道品》："我等今

者不复堪任发阿耨多罗三藐三菩提心。乃至五无间罪犹能发意生于佛法，而今我等永不能发，譬如根败之士，其于五欲，不能复利。"所谓五乐，即五欲的快乐，指凡夫贪染色、声、香、味、触五境所生的快乐。

⑦《大智度论》卷七十二："大鸟者，金翅鸟，在于天上……是鸟初出卵，羽翼未成，意欲飞去，即时堕落……鸟身是菩萨……无两翅者，是无般若波罗蜜，无方便……欲游无量佛法虚空中而自退没，是心虽欲愿作佛而不能得。"

⑧**有余涅槃**：指断除贪欲，灭绝烦恼，已灭除生死的因，但前世惑业造成的果报，身即肉身还在，仍然活在世间，也还有思虑活动，是不彻底的涅槃。不仅灭除生死的因，也灭尽生死的果，肉体不存在了，思虑也没有了，灰身灭智，不再受生，称为无余涅槃。

⑨《大智度论》卷二十七："烦恼习，名烦恼残气，若身业、口业不随智慧，似从烦恼起，不知他心者，见其所起生不净心，是非实烦恼，久习烦恼故起如是业。"这就是说，阿罗汉也还有不净想，这种不净想由久习烦恼而引起，不是真实的烦恼，只能称为烦恼习、烦恼残气。除此之外，阿罗汉再无别的烦恼。

⑩《大智度论》卷二："如舍利弗嗔恚气残，难陀淫欲气残，必陵迦婆磋慢气残，譬如人被销（锁）初脱

时，行犹不便。"

⑪**无漏道**：有为法（由因缘和合所造作、有生灭变化的现象）中，分有漏法和无漏法两类：漏是烦恼的别名，流注泄漏的意思，众生从眼、耳、鼻、舌、身、意流出不净，造成新的业因，以致生死流转，轮回不绝，称为有漏法；离开烦恼垢染的清净法，称为无漏法。修习无漏的途径，即无漏道。

⑫《十住毗婆沙论·易行品》："若堕声闻地及辟支佛地，是名菩萨死，则失一切利。若堕于地狱，不生如是畏；若堕二乘地，则为大怖畏。堕于地狱中，毕竟得至佛；若堕二乘地，毕竟遮佛道。佛自于经中解说如是事。"

⑬**五不可思议**：一、众生多少不可思议，二、业力不可思议，三、龙力不可思议，四、禅定力不可思议，五、佛法力不可思议。见《大智度论》卷三。

⑭《大智度论》卷九十三："今言漏尽阿罗汉还作佛，唯佛能知。论议者正可论其事，不能测知，是故不应戏论。若求得佛时乃能了知，余人可信而不可知。"

⑮**集谛**：为苦、集、灭、道四圣谛之一。集的意思是集合。集谛讲一切存在都是由条件集合而成，人生之苦也是由诸条件集合而成。探索苦的条件、原因，便是集谛的内容。集谛展开主要为十二因缘说。小乘在十二

因缘中除强调无明的作用外，还强调贪爱的恶的性质和作用。

⑯**阿鼻地狱**：阿鼻，梵文的音译，意译为无间。阿鼻地狱，又称无间地狱，八大地狱之一，为最苦之处，受苦无间断。阿耨三菩提，为梵文音译阿耨多罗三藐三菩提的略称，意译为无上正等正觉，是佛智之名。《大智度论》卷十一曾引述舍利弗的话："我于一鸟尚不能知其本末，何况诸法？我若知佛智慧如是者，为佛智慧故，宁入阿鼻地狱，受无量劫苦，不以为难。"

⑰《毗摩罗诘经》即《维摩诘所说经》，此经卷中《不思议品》说："是时，大迦叶闻说菩萨不可思议解脱法门，叹未曾有，谓舍利弗……我等何为永绝其根于此大乘，已如败种。一切声闻闻是不可思议解脱法门，皆应号泣声振三千大千世界。"据此，"皆应号泣"是大迦叶与舍利弗谈话所说。本书第二章《次重问法身并答》中，也说是大迦叶与舍利弗谈话所说。而罗什在此处又说是大迦叶与目连悔责中所说。目连，又称目犍连、摩诃目犍连，佛十大弟子之一，号称神通第一。

⑱《首楞严三昧》即鸠摩罗什所译《首楞严三昧经》。这里所引述的内容，见此经卷下："尔时，长老摩诃迦叶白佛言：'世尊，譬如从生盲人，梦中得眼，见种种色，心大欢喜，即于梦中与有眼者共住共语，是人

觉已，不复见色。我等亦尔。未闻是首楞严三昧时，心怀欢喜，谓得天眼，与诸菩萨共住共语，论说义理。世尊，我今从佛闻是三昧，不知其事，如生盲人，不能得知诸佛菩萨所行之法，我等从今已往，自视其身，如生盲人，于佛深法，无有智慧，不知不见世尊所行。'"

⑲**七觉意**：即达到佛教觉悟的七种类别：念、择法、精进、喜、轻安、定、舍。一般称为七觉支、七等觉支、七觉分、七菩提分。

⑳**五道**：欲界中的地狱、饿鬼、畜生、人、天五大生类。后来犊子部北道派在第四位加阿修罗而为六道。小乘各派大半取五道说，大乘各派多取六道说。这里是按小乘之说叙述，所以说"五道因缘"。

㉑这里的意思是说，释迦佛灭度后，此土现在无佛，但可以在别的佛国现在佛处，闻佛法而发心作佛。见《法华经·化城喻品》："我灭度后，复有弟子不闻是经，不知不觉菩萨所行，自于所得功德生灭度想，当入涅槃。我于余国作佛，更有异名。是人虽生灭度之想，入于涅槃，而于彼土，求佛智慧，得闻是经，唯以佛乘而得灭度，更无余乘，除诸如来方便说法。"

㉒**焦罗汉**：即焦种罗汉，因为阿罗汉入于涅槃，不再受生，不能成佛，如同焦枯种子。阿罗汉是修行而成的，由于修行，有阿罗汉之因，得阿罗汉之果，这叫因

果相应。但也有不相应的，即有阿罗汉之因，不一定就入于涅槃成为焦种罗汉。还有慈悲之心，慈悲增长，则仍可成佛。当然，是否增长慈悲成佛，也并无一定。

㉓**三品……三分**：这里的三品、三分，都是指声闻乘、缘觉乘（辟支佛乘）、菩萨乘（佛乘）三乘。三乘归于一乘，于一乘分别说三乘，是《法华经》的基本立场。如《方便品》："如来但以一佛乘故为众生说法，无有余乘，若二若三。"《譬喻品》："但以智慧方便，于三界火宅拔济众生，为说三乘。"

㉔**《般若波罗蜜经》**：是说般若波罗蜜深理的经典总名，按传统说法，大体上可分为《大品》和《小品》两类。鸠摩罗什所译的有《摩诃般若波罗蜜经》《小品般若波罗蜜经》。

㉕**实有余道**：见《法华经·化城喻品》："若众生住于二地，如来尔时即便为说，汝等所作未办，汝所住地近于佛慧，当观察筹量所得涅槃非真实也。但是如来方便之力，于一佛乘分别说三。"

㉖**诸佛赞助成立**：如《法华经·方便品》："寻念过去佛，所行方便力，我今所得道，亦应说三乘。作是思维时，十方佛皆现，梵音慰喻我。"

㉗**阿难**：阿难陀之略，为释迦牟尼佛的从弟，十大弟子之一，号称多闻第一。

㉘**增上慢：**增上，助长增进。慢，傲慢。增上慢，尚未修行证得果位而自以为证得。

㉙《法华经·化城喻品》："如来不久当入涅槃，佛欲以此妙《法华经》付嘱有在。"

译文

来答说，《法华经》说，罗汉受记为佛，如同法身菩萨清净行所生，受记做佛。您根据经中此说，作为法身非肉身的证明。

慧远问道：经说，罗汉受记为佛。又说，罗汉临灭度时，佛在其前讲说佛法。这些话都是经书上说的，哪能不信？不过，还有许多不明白的地方，想请您解释，以便解决我的疑问。

所疑很多，略说三点：一、声闻乘是没有大慈悲的，他们只知自利；二、声闻也没有方便和般若两法；三、罗汉临涅槃时，得空空三昧，已断除一切爱着，本来的习惯性的烦恼已经灭除，和得无生法忍菩萨类似，内心空寂，犹如涅槃之后。果真如此，试问：爱着的习惯性残气又由何而生呢？这个问题在前章已问过，不再重复。又，大慈大悲，是菩萨积累若干劫的修行才具有的，其纯诚早就著称，真心浸透了骨髓。罗汉却不是这样的，罗汉已经断绝五缘，就如焦枯的种子不能再生，诸根已经败坏，五乐也灭除了，慈悲之性，由何而产生？又，方便和般若，是菩萨的两翼，所以菩萨能在天空中飞到远近各处，不坠不落。声闻乘本来没有这样的翅膀，临涅槃时，即使有成佛的雄心，却像没有翅膀的鸟，无所依仗而会从天空中坠落下来，就算佛站在面前，怎能马上长出翅膀来呢？如果可以马上长出翅膀，那么，诸菩萨花费若干劫所积累的功德，岂不都是白费了？这三个问题最是难明，虽说相信，但必明白其中道理才能悟解，道理都不明不白，怎么能谈得上真正的相信呢？

罗什答道：一切阿罗汉，虽然已得有余涅槃，心意清净，但身、口所作的，不能没有失误。其中有些不智的人，难免还会产生不净的念头。这些念头其实已不是世俗的烦恼，但还是烦恼的残气。就像人被锁着脚，很久很久才解开锁，行动虽然还是不方便，脚上却已没有锁了。阿罗汉也是这样的。从久远以来，种种烦恼如结一般，束缚着人，得阿罗汉果以后，虽已破除烦恼结的束缚，由于已成习惯，若是心不在道，比方习惯性地牵挂之事很多，产生妄念，就会使身、口造业而有所失误。当然，如是进入无余涅槃，在空空三昧中，连无漏道也舍弃掉，从此以后，便不会再有身、口业的失误。因为很快就灰身灭智了，不应说他还会生起身、口业的失误等。

您说，以空空三昧，能断除烦恼余习。这话是不对的。为什么呢？因为用空空三昧，舍无漏道，那就已经不是无漏定了，怎么能说连烦恼残气也断尽了呢？

又，阿罗汉再生的事，只有《法华经》说过，其他千万经典，都说的是阿罗汉在后边身灭度。《法华经》是诸佛所说的最深奥的真理，不能引用它的话来推翻其他经典。如果一定要以《法华经》为准，小乘三藏和其他大乘经典便都无用而作废了。有的经说，菩萨怕入于声闻、辟支佛道，甚至过于怕入地狱。为什么呢？因为堕入地狱，总还可以通过努力成佛，入于声闻、辟支佛道之后，将来入于涅槃，灰身灭智，永无成佛之期。单从这个问题来说，只有《法华经》可信，其他经典都是错误的。可见，不应该执着于一经，而不信其他经法，应当由一切经典中去探索，由什么因缘可入涅槃、可以成佛。不过，在五不可思议之中，诸佛法是第一不可思议。阿罗汉涅槃可以做佛，这就是佛法，只有佛知道，应该相信。又，小乘把爱当作人生的最重要原因，所以，阿罗汉的爱已经断尽，便没有再生之理。大乘的说法不同。大乘认为有两种爱：一是三界的爱，二是出三界的爱，即涅槃这种佛法中的爱。阿罗汉虽然断尽三界之爱，没有断除涅槃这种佛法中的爱。如舍利弗心里后悔说：我若知佛有如此功德智慧，我宁肯在阿鼻地狱经历一劫之久，忍受一胁着地之苦，不该退却而不去求无上正等菩提。

又，《维摩诘所说经》载：摩诃迦叶和目连后悔自责说，如知佛如此功德智慧，一切声闻都该号泣，声震三千大千世界。像舍利弗、摩诃迦叶、目连这种对佛法的爱，就是爱习的残气，就是佛法中爱。又《首楞严三昧》中说，好像盲人梦中得眼，醒来后眼又失去了，我们这些声闻智慧的人，自以为已得天眼，闻佛说法，才知自己不明佛智，实是盲人。像这种于佛智无知的情况，类似于无明。以上舍利弗等凭这种佛法中爱、无明等因缘，往来世间，当具有菩萨道时，便可以做佛。但是，罗汉即使入菩萨道，也不如直接修菩萨道的人，更不如得无生法忍菩萨。为什么呢？因为此人当初对众生不生大悲之心，直奔涅槃的目的是只求自利，在无量甚深法性中，只得到少量便要证入涅槃。由这一因缘，他翻回头来教化众生，净佛国土，便要推迟得多，自然不如直修菩萨道的成佛迅速。

又，阿罗汉的慈悲，虽不及菩萨的慈悲，由于与无漏心合的缘故，也并非不妙。如经中说，比丘由慈心的因缘，修七觉支，若断绝了五道因缘，虽不再轮回于五道之中，慈悲还在。当发心成佛时，这种残存的慈悲还可以增长为大慈大悲。《法华经》也说过，阿罗汉可以在他所在佛国的现在佛那里闻知佛法，然后发心做佛。又，涅槃之法，并没有规定修阿罗汉的一定会灰身灭智，成为焦种罗汉，一定不能成佛。为什么呢？因为涅槃是常寂灭相，即无定相，不能说一定成为焦种罗汉，也不能说一定不成为焦种罗汉。当然，明白涅槃常寂灭相之理，不去戏论，便没有关系。

又，诸佛大菩萨，因为深入法性的缘故，不见法性有声闻、辟支佛、菩萨三乘的不同，只是为了度脱众生的方便，说有三乘。其实，会三归一，都可成佛。

您引述"沤和、般若，是菩萨两翅"的话，不是《法华经》的说法，而是《般若波罗蜜经》中赞叹般若波罗蜜的话。只因为有的菩萨离开般若波罗蜜，用其他的功德去求佛道，为了劝说这些人，做了这个比喻。佛说，虽有无量功德，要是没有般若（智慧）和沤和（方便），就像飞鸟没有两个翅膀，不能飞远；即使成为阿罗汉，到达涅槃，大愿已满，却不能再远求佛道。《法华经》则说，其实还有别的途径可以求佛道，而且这种途径是诸佛所赞成的。可见，罗汉成佛，有何难事呢？佛用不可思议的神力教化，能令草木说法往来，何况对于人呢？焦枯的谷种不能再生，这是常理。若是用神力、咒术、药草之力、诸天福德愿力，便可使大山移动、河水停流，何况使焦种再生呢？用无漏之火来烧阿罗汉的心，阿罗汉当然是不会再生的；但用佛的无量神力帮助，阿罗汉怎能不发心做佛呢？假使佛叫阿难去做各种恶事，阿难对佛恭敬深爱，也会去做，何况佛授记他做佛，为他开示各种因缘，他难道不愿去做佛吗？如大医王，没有治不了的病，佛力所加，也没有不可度脱的人。又，阿罗汉在涅槃中不灭而做佛，这就是佛的大方便啊！

又，菩萨原先发愿，要以佛道入涅槃，由于没有般若和方便，如同无翅之鸟，堕于声闻、辟支佛之地。阿罗汉原先要以小乘声闻之法入涅槃，修行到中途，以有漏的禅法，还没有证得阿罗汉而自以为已经证得，便也像无翅之鸟一般，不得如愿，堕落为凡夫。不过，如能按佛的教导，修行中禅定与智慧和合，便得入涅槃。对于阿罗汉来说，禅定便是方便（沤和），无漏慧便是智慧（般若）。

又，佛说般若波罗蜜时，还没有说《法华经》，《法华经》是佛将入涅槃时，在修行者中最后演说的秘藏。若是早就闻知《法华经》之理，菩萨就不会产生疑问了。但早先没有闻知，只闻知诸罗汉声称所愿已经完成，佛也说过阿罗汉末后身灭度。菩萨闻知了这些话，于是对阿罗汉道有所畏惧，宁愿入于地狱而不愿得阿罗汉。其实，佛说阿罗汉灭度出于两个原因：一是秘藏《法华经》的真理，以便使更多的众生追求小乘之法，得到解脱；二是为了使菩萨直登佛道，不走阿罗汉的迂回之路。为什么说阿罗汉是迂回之路呢？因为阿罗汉证得无为法虽快，能断尽一切烦恼，到达苦海之边，但以后再入菩萨道时，由于积累的功德微薄，没有明利的根，习佛道会有困难。如果没有这两个原因，佛的本意很明白：阿罗汉终归成佛，所以对于阿罗汉做佛，不应该非议留难。

8 第十一章 次问念佛三昧并答

原典

远问曰：念佛三昧[1]，如《般舟经》念佛章中说，多引梦为喻[2]。梦是凡夫之境，惑之与解，皆自涯已还理了。而经说念佛三昧见佛，则问云，则答云，则决其疑网[3]。若佛同梦中之所见，则是我想之所瞩，想相专则成定，定则见佛。所见之佛，不自外来，我亦不往。直是想专理会，大同于梦了。疑夫我或不出，化佛或不来，而云何有解？解其安从乎？若真兹外应，则不得以梦为喻。神通之会，自非实相[4]，则有往来，往则是经表之谈，非三昧意，复何以为通？

又，《般舟经》云[5]，有三事得定：一谓持戒无犯，二谓大功德，三谓佛威神。问：佛威神，为是定中之佛，外来之佛？若是定中之佛，则是我想之所立，还出于我了。若是定外之佛，则是梦表之圣人。然则，神会之来，不专在内，不得令同于梦明矣。念佛三昧法，法为尔不？二三之说，竟何所从也？

什答：见佛三昧有三种：一者，菩萨或得天眼、天耳⑥，或飞到十方佛所，见佛难问，断诸疑网；二者，虽无神通，常修念阿弥陀等现在诸佛，心住一处，即得见佛，请问所疑；三者，学习念佛，或以离欲，或未离欲，或见佛像，或见生身，或见过去未来现在诸佛。是三种定，皆名念佛三昧。其实不同。上者，得神通见十方佛；中者，虽未得神通，以般舟三昧⑦力故，亦见十方诸佛；余者最下，统名念佛三昧。

复次，若人常观世间厌离相者，于众生中，行慈为难。是以为未离欲诸菩萨故，种种称赞般舟三昧。而是定力，虽未离欲，亦能摄心一处能见诸佛，则是求佛道之根本也。又，学般舟三昧者，虽言忆想分别⑧，而非虚妄。所以者何？释迦文佛所说众经，明阿弥陀佛身相具足，是如来之至言⑨。又，《般舟经》种种设教，当念分别阿弥陀佛，在于西方过十万佛土，彼佛以无量光明，常照十方世界⑩。若行人如《经》所说，能见佛者，则有本末，非徒虚妄忆想分别而已。以人不信，不知行禅定法，作是念，未得神通，何能远见诸佛也。是故？

佛以梦为喻耳。如人以梦力故，虽有远事，能到能见。行般舟三昧菩萨，亦复如是。以此定力故，远见诸佛，不以山林等为碍也。以人信梦故，以之为喻。又，梦是自然之法，无所施作，尚能如是，何况施其功用而不见也？

又，诸佛身有决定相者，忆想分别，当是虚妄。而经说，诸佛身皆从众缘生⑪，无有自性，毕竟空寂，如梦如化。若然者，如说行人见诸佛身，不应独以虚妄也。若虚妄者，悉应虚妄；若不虚妄，皆不虚妄。所以者何？普令众生，各得其利，种诸善根故。如《般舟经》中见佛者，能生善根，成阿罗汉、阿惟越致⑫。是故当知，如来之身，无非是实。

又，忆想分别，亦或时有，若当随经所说，常应忆想分别者，便能通达实事，譬如常习灯烛日月之明，念后障物，便得天眼，通达实事。

又，下者，持戒清净，信敬深重，兼彼佛神力及三昧力，众缘和合，即得见佛，如人对见镜像。

又，一凡夫，无始以来曾见，皆应离欲得天眼、天耳，还复轮转五道。而般舟三昧，无始生死以来，二乘之人，尚不能得，况于凡夫？是故，不应以此三昧所见，谓为虚妄。

又，诸菩萨得此三昧，见佛则问，解释疑网。从三昧起，住粗心中，深乐斯定，生贪着意。是故，佛教行者，应作是念：我不到彼，彼佛不来，而得见佛闻法者，但心忆想分别了。三界之物，皆从忆想分别而有，或是先世忆想果报，或是今世忆想所成。闻是教已，心厌三界，倍增信敬。佛善说如是微妙理也，行者即时得离三界欲，深入于定，成般舟三昧。

注释

①**念佛三昧**：为禅定十念法门之一。禅本为定的一种，但中国僧人常合称禅定，指集中精神，观想特定对象而获得悟解或功德的思维修习活动。十念法门，指念佛、念法、念僧、念戒、念施、念天、念休息、念安般、念身、念死。念佛三昧通常有四种：一是实相念佛，即洞观佛的法身实相之理，这是从哲理上悟得实相的三昧；二是观想念佛，即观想佛的美妙形相和所居佛国的种种成就，为形象性的三昧；三是观像念佛，在具体的佛像前念佛，工夫纯熟后，即进入观想念佛；四是持名念佛，或叫称名念佛，即念佛的名号。慧远所修持的念佛三昧，主要是观想念佛。

②《般舟经》，即后汉支娄迦谶译《般舟三昧经》。此经《行品》说："佛告跋陀和，譬如人卧，出于梦中，见所有金银珍宝，父母兄弟妻子亲属知识，相与娱乐，

喜乐无辈。其觉以为人说之,后自泪出念梦中所见。如是跋陀和菩萨,若沙门白衣,所闻西方阿弥陀佛刹,当念彼方佛,不得缺戒,一心念若一昼夜,若七日七夜,过七日以后,见阿弥陀佛。于觉不见,于梦中见之。譬如人梦中所见,不知昼不知夜,亦不知内亦不知外,不用在冥中故不见,不用有所弊碍故不见。"同品还譬若梦中行淫,梦中得美食,梦中归乡等。

③《般舟三昧经·行品》:"菩萨于是间国土,闻阿弥陀佛,数数念,用是念故,见阿弥陀佛。见佛已从,问:当持何等法生阿弥陀佛国?尔时,阿弥陀佛语是菩萨言,欲来生我国者,常念我数数,常当守念,莫有休息,如是得来生我国。"

④**实相:**指不依人的主观意识而独立存在的客观真理。鸠摩罗什把实相当作如、真如、法性、法相、真际、实际的同义词,即是佛。

⑤《般舟三昧经·行品》:"是三昧,佛力所成,持佛威神于三昧中立者有三事:持佛威神力、持佛三昧力、持本功德力。用是三事,故得见佛。"

⑥**天眼、天耳:**《大智度论》卷五解释说:"于眼得色界四大造清净色(色界四大清净色所构成的眼根,不同于欲界人世间粗重物质所构成的眼根,所以视力要灵敏得多),是名天眼。天眼所见,自地及下地六道众生

诸物，若近若远，若粗若细，诸色无不能照。……于耳得色界四大造清净色，能闻一切声：天声、人声、三恶道声。"

⑦**般舟三昧：**般舟，梵文的音译，意译为十方潜佛现前而立。般舟三昧，就是修持这种三昧，可见佛立面前，所以，又称佛立三昧。

⑧**忆想分别：**为鸠摩罗什译著中的专有词。忆即念，指过去的经验和认识的重新活动。有忆念活动，便会产生种种主观的景象，即想。在想中，种种主观景象会有差别性，各有不同，即分别。所以，忆想分别，即由忆想而产生出千差万别的现象世界来。

⑨《观无量寿经》中，释迦牟尼佛说十六观，第九观说："当知无量寿佛身如百千万亿夜摩天阎浮檀金色，佛身高六十万亿那由他恒河沙由旬（一由旬，或说六十里、五十里、四十里不等），眉间白毫，右旋宛转，如五须弥山，佛眼如四大海水，青白分明。身诸毛孔，演出光明，如须弥山。彼佛圆光，如百亿三千大千世界，于圆光中，有百万亿那由他恒河沙化佛，一一化佛亦有众多无数化菩萨以为侍者。无量寿佛有八万四千相，一一相中各有八万四千随形好，一一好中，复有八万四千光明，一一光明，遍照十方世界念佛众生，摄取不舍。"

⑩《阿弥陀经》："从是西方过十万亿佛土，有世界名曰极乐，其土有佛号阿弥陀。……彼佛何故号阿弥陀？舍利弗，彼佛光明无量，照十方国无所障碍，是故号为阿弥陀。"

⑪《摩诃般若波罗蜜经》卷二十七："善男子，若有人，分别诸佛有来有去，当知是人皆是愚夫。何以故？善男子，诸佛不可以色身见，诸佛法身无来无去，诸佛来处去处亦如是。善男子，譬如幻师，幻作种种若象若马若牛若羊若男若女，……譬如梦中见若象若马若牛若羊若男若女，……善男子，诸佛身亦如是，从无量功德因缘生，不从一因一缘一功德生，亦不无因缘有，众缘和合故有。"

⑫《般舟三昧经·羼罗耶佛品》："是三昧谁当信者？独怛萨阿竭阿罗诃三耶三佛阿惟越致阿罗汉乃信之。"这句话意思相近。

译文

慧远问道：关于念佛三昧，《般舟经》谈到时，多引梦来作比喻。梦是凡夫所经历的境界，无论引起迷惑也罢，得到悟解也罢，都是自己思想中的幻像罢了。而经中说念佛三昧中见佛，则与佛有问有答，佛能解决疑难，非常真实。若三昧中所见的佛同梦中所见的佛一样，那便是我的思想的产物，思想专一就可入于禅定，禅定就可见佛。所见之佛，并不是外面来的，我也没有到佛国去。这样说来，佛只是思想专一而幻想出来的，确与梦差不多了。我所疑惑的是，我既没有走出去，化佛也没有来，三昧中所见的佛为什么解释为梦中之佛？这种解释有何根据？如果真是对于外来之佛的感应，那就不应该比喻为梦。不过，感应是佛的威神来与我的神识交会相通，所感应的佛当然不是真佛，所以可以与我的神识互相往来，我的神识不可能到佛国去，因为这不是三昧的内容。那么，我的神识怎么能与佛的威神相通呢？

《般舟经》说，有三件事可以在定中见佛：一是严持戒律，没有犯戒；二是有大功德；三是佛的威神。问：凭佛的威神，在定中所见之佛，是定中之佛，还是外来之佛？若是定中之佛，那便是我的想像所产生的，还是从我而出了。若是定外之佛，那便是梦外的圣人。可见，在三昧中神通交会，因感应而见到的佛，不单是我内心所产生，也是佛自外而来的结果，不能说如梦一样，这是很清楚的。念佛三昧之法，就是这样的吧？几种说法，哪种是对的呢？

罗什回答道：见佛三昧有三种：一、有的菩萨得天眼、天耳，能飞到十方诸佛之所，见佛提出问题，解决各种疑难；二、虽然没有神通，在修行中常念阿弥陀佛等现在诸佛，心能专住一处，便能见佛，请问各种疑难；三、学习念佛，不管是已经离欲的，没有离欲的，能见到佛像，或见到佛的生身，或见到过去未来现在诸佛。这三种定，都称为念佛三昧。其中，上等者是得神通能见十方诸佛；中等者虽没有神通，却可以凭般舟三昧之力，也能见十方诸佛；再次便是下等了。这三种虽有不同，都叫作念佛三昧。

再有，有人常观想世间种种可厌恶之相，决心脱离世间，这种人在众生中很难行慈，不利于求佛道。为了引导未离欲的菩萨，佛多次称赞般舟三昧。虽然菩萨还没有离欲，这种定力可以把心收在一处，能见诸佛，这才是求佛道的根本。又，学般舟三昧的，三昧中所见之佛尽管是忆想分别，却并非虚妄。为什么呢？释迦佛所说的各经中，明白地描绘了阿弥陀佛的完美身相，这是佛的苦口婆心之真言。又，《般舟经》多方劝人专念阿弥陀佛，阿弥陀佛在西方过十万（十万亿）佛土处，此佛以无量光明常照十方世界。若是像《经》中所说，修行者能见佛，这也是修行所得的，不能说全是虚妄的忆想分别的产物。因为有人不信，不懂得念佛三昧的修行方法，虽在念佛，却没有神通，又怎么能见到远方的佛呢？所以，佛才把三昧比喻为梦。人由梦的力量，远处之事，能到能见。修行般舟三昧的菩萨也是这样，由定力能远见诸佛，不会受到山林等的阻碍。因为人们信梦，便以梦作比喻。梦是自然的现象，不必施作，就能见到诸佛，何况有意修行，岂能不见？

又，诸佛身有明确身相的，是忆想分别的产物，当然是虚妄的。不过，一切现象都是众缘和合而生，没有自性，毕竟空寂，如梦如化。《经》说，诸佛身也都是由众因缘和合而生的，没有自性，毕竟空寂，如梦如化。既然如此，那么，修行者所见的诸佛身，便和世间一切现象是一样的。世间一切现象并非虚妄，修行者所见诸佛身也并非虚妄，不能唯独把诸佛身当作虚妄的东西。若说虚妄，应该都是虚妄；若不虚妄，应该都不虚妄。为什么诸佛身不虚妄？因为诸佛身能普遍地使众生获得各种利益，种下善根。正如《般舟经》所说，见到佛身的，能生善根，修成阿罗汉、阿惟越致。所以，应当知道，如来之身，无非是实。

又，忆想分别的产物，有的也是实在的。如《经》中曾说，常忆想分别，便能了解真实的情况，比方常修习灯烛日月的光明，念佛以后，把东西盖住，便可以得天眼，能了解盖住的是什么东西。

又，即使是下等的三昧，因持戒清净，信敬深重，加上有佛的神力和三昧之力，众缘和合，也可以见到佛，就像人面对镜子，得见镜中之像。

又，一位凡夫，久远以来曾见到佛，本来应该离欲得天眼、天耳等神通，只因没有修得般舟三昧，仍为凡夫，于是还堕入五道轮回之中。可见，般舟三昧见佛是菩萨才能修得的。久远以来，声闻、辟支佛二乘之人，尚且不能修得，何况凡夫？所以，不能说般舟三昧所见的佛是虚妄的。

又，诸菩萨得此三昧见佛，就可以提出问题，解决疑难。由此，有的菩萨得三昧而产生自满之心，深乐这种三昧，有了贪着之意。因此，佛教导修行者，应该想到：我没有到佛国去，佛也没有来到，见佛闻法，只是内心忆想分别的产物。不但如此，三界之物都是由忆想分别产生的，有的是先世忆想的果报，有的是今世忆想所成。修行者闻知佛的教诲，心厌三界，对佛倍增敬信。由于佛善说如此微妙之理，修行者能即时脱离三界之欲，深入于定，成般舟三昧。

9 第十三章　次问如、法性、真际并答

远问曰：经说法性，则云，有佛无佛，性住如故①。说如则明，受决为如来②。说真际，则言真际不受证。③三说各异，义可闻乎？又问：法性常住，为无耶？为有耶？若无，如虚空，则与有绝，不应言性住。若有而常往，则堕常见④；若无而常住，则堕断见；若不有不无，则必有异乎有无者。辨而诘之，则觉愈深愈隐。想有无之际，可因缘而得也。

什答曰：此三义，上无生忍中已明文。《大智度论》广说其事。所谓"断一切语言道，灭一切心行"，名为诸法实相⑤，诸法实相者，假为如、法性、真际⑥。此中非有非无，尚不可得，何况有无耶⑦？以忆想分别者，

各有有、无之难也，若随佛法寂灭相者，则无戏论。若有、无戏论，则离佛法。《大智论》中，种种因缘，破有破无。不应持所破之法为难也。若更答者，亦不异先义，若以异义相答，则非佛意，便与外道相似。

今复略说，诸法相随时为名。若如实得诸法性、相者，一切义论所不能破，名为如。如其法相，非心力所作也。诸菩萨利根者，推求诸法如相，何故如是寂灭之相，不可取不可舍？即知诸法如相，性自尔故。如地坚性、水湿性、火热性、风动性，火炎上为事，水流下为事，风傍行为事，如是诸法性，性自尔，是名法性入如，法性也。更不求胜事，尔时心定，尽其边极，是名真际。是故，其本是一，义名为三。如道法是一，分别上、中、下，故名为三乘。初为如，中为法性，后为真际。真际为上，法性为中，如为下。随观力故，而有差别⑧。

又，天竺语音相近者以为名。是故说，知诸法如，名为如来⑨，如正遍知一切法，故名为佛。

又，小乘经中亦说如、法性。如《杂阿含》中，一比丘问佛：世尊，是十二因缘法，为佛所作？为余人所作？佛言：比丘，是十二因缘，非我所作，亦非彼所作。若有佛，若无佛，诸法如法性，法位常住世间。所谓"是法有故是法有，是法生故是法生"，无明因缘识，乃至生因缘老死，因缘诸苦恼。"若无明灭故行灭，乃至老死灭故，诸苦恼灭"⑩。但佛为人演说显示，如日显照万物，长短好丑，非日所作也。如是声闻经说，世间常有生死法，无时不有。是名有佛无佛相常住。

真际义者，唯大乘法中说⑪。以法性无量，如大海水，诸圣贤随其智力所得。二乘人智力劣故，不能深入法性，便取其证，证知如实之法微妙理极，深厌有为，决定以此为真，无复胜也。而诸菩萨，有大智力，深入法性，不随至为证。虽复深入，亦更无异事。如饮大海者，多少有异，更无别事。

又，诸菩萨其乘顺忍⑫中，未得无生法忍，观诸法实相，尔时名为如。若得无生法忍，深观如故，是时变名法性。若坐道场，证于法性，法性变名真际。若未证真际，虽入法性，故名为菩萨，未有圣果。乃至道场，诸佛以一切智无量法性故尔，乃出菩萨道，以论佛道也。

注释

①《放光般若经·建立品》："须菩提言：'世尊，有佛无佛，法性常住耶？'佛言：'如是！有佛无佛，法性常住。以众生不知法性常住，是故菩萨生道因缘欲度脱之。'"

②《放光般若经·大明品》："如来无所着等正觉，悉知诸法之如尔，非不尔，无能令不尔，悉知诸如诸尔，以是故，诸佛世尊名曰如来。"

③《放光般若经·叹深品》："菩萨虽得空无相无愿之道，离般若波罗蜜，不持沤和拘舍罗（方便善巧），便证真际得弟子乘。"

④**常见**：有的人认为，"自我"原是常住不变的，这叫常见，或称有见、邪见。有的人则认为，一切断灭，人死后一切都没有了，"我"可以不受果报，这叫断见，或称无见、恶见。

⑤《中论·观法品》："诸法实相者，心行言语断，无生亦无灭，寂灭如涅槃。"

⑥《大智度论》卷三十二："问曰：如、法性、实际，是三事为一为异？若一云何说三，若三今应当分别说。答：是三皆是诸法实相异名。"实际，《大智度论》中有时又称为真际。

⑦参看慧远《大智度论抄序》（《出三藏记集》卷十）。慧远认为，"未有"而生，名为"有"，"既有"而灭，名为"无"。说有说无，都是虚妄的认识，应当否定，这就叫作"非有非无"。这个"非有非无"，慧远又称为"无性之性""法性无性"，是一种实存的境界。鸠摩罗什在这里所说，是对慧远这种"非有非无"的批判。

⑧《大智度论》卷三十二："如是推求地相则不可得，若不可得其实皆空，空则是地之实相。一切别相皆亦如是，是名为如。法性者，如前说各各法空，空有差品是为如，同为一空是为法性。……实际者，以法性为实证，故为际。如阿罗汉，名为住于实际。"

⑨《摩诃般若波罗蜜经·佛母品》："佛知一切法如相，非不如相，不异相。得是如相，故佛名如来。"正遍知，又作正遍智、正遍觉，梵语三藐三菩提，意思是真正遍知一切法之智。

⑩鸠摩罗什在这里所引述的小乘经之说，实际上是转引于《大智度论》卷三十二，而略有不同。《大智度论》卷三十二：问曰：声闻法中何以不说是如、法性、实际，而摩诃衍法中处处说？答曰：声闻法中亦有说处，但少耳。如《杂阿含》中说，有一比丘问佛：十二因缘法，为是佛作，为是余人作？佛告比丘：我不作十二因缘，亦非余人作。有佛无佛，诸法如法相，法位常有。所谓是事有故是事有，是事生故是事生，如无明因缘故诸行，诸行因缘故识，乃至老死因缘故有忧悲苦恼。是事无故是事无，是事灭故是事灭，如无明灭故诸行灭，诸行灭故识灭，乃至老死灭故忧悲苦恼灭。如是生灭法，有佛无佛常尔。是处说如。

⑪《大智度论》卷三十二："是处（指《杂阿含》）

但说如、法性，何处复说实际？答曰：此二事（如、法性）有因缘故说，实际无因缘，故不说实际。"

⑫《仁王经》说五忍：一、伏忍，别教菩萨之位；二、信忍，初地至三地菩萨之位；三、顺忍，四地至六地菩萨之位；四、无生忍，七地至九地菩萨之位；五、寂灭忍，十地至佛地之位。

译文

慧远问道：经说"法性"，说的是有佛无佛，"法性"永恒存在。说"如"就很清楚，说知"如"可以为佛。说"真际"，便说真际不受证。这三种说法不同，可以请您阐明这三个词的含义吗？又问：法性永恒存在，意思是有呢？还是无呢？如果是无，则如同虚空，没有什么东西存在，便不应该说法性永恒存在。如果说是有而永恒存在，便堕于常见；如果说是无而永恒存在，便堕于断见；如果说不有不无，就一定是和有、无都不同的另一种境界。追问起来，觉得追问越深越不明白。想来在有与无之间的"不有不无"境界，按照因缘来说是应该存在的。

罗什回答道："如""法性""真际"这三个词的含义，前面已经说过。关于这个问题，《大智度论》也曾多处解释。说来说去，主要的意思是说：所谓"断一切语言道，灭一切心行"，这就叫诸法实相，这个诸法实相的假名便是"如""法性""真际"。其中，没有什么"非有非无"，更何况什么"有""无"呢？若是忆想分别（在主观想像中区别事物），可以提出有、无的问题，若是按照佛法，以法性为寂灭相，就不会提出这样的问题。提出有、无这种戏论，就离开佛法了。《大智度论》中谈种种道理，都是为了破除有、无的观念。这种已破除的观念，不应该再提出来问。如果一定要做出回答，也不会有什么别的新内容，要是用别的新内容回答，便不是佛意，而和外道所说相似了。

现在大略谈谈法相的这三个不同的名词。一切诸法（万事万物）的本性都是不真实的，都是"空"。"空"不是一无所有，不等于零，而是说诸法没有自性，没有生灭，只能说它有点像某物的样子（如）。所以，要是真正悟得诸法这种本性、本相的人，便会坚决排除一切议论，把诸法叫作"如"。意思是说，像它的样子。只是像它的样子，不能当真。这是诸法的本性，不是那个人想出来的。诸菩萨有利根的，推究诸法的"如"相是空相、寂灭之相，这个空相、寂灭之相为什么抓不住又丢不掉呢？诸菩萨推究下去，便知道原来诸法的"如"相，乃是它的本性。例如，地是坚性，水是湿性，火是热性，风是动性，火热上升，水流向下，风动傍行，这些诸法之性，是它们的本性，诸法本性各"如"它的样子，叫作"法性"。诸菩萨懂得法性，心定下来，把法性这个一般原理运用到一切具体的法中，推究到头，彻底地悟解了一切具体的法本性都是空，再没有什么可推究的了，这就叫"真际"。因此，从根本上说，就是一个诸法实相，按悟解程度的不同而有了"如""法性""真际"三个名称。就像一个佛道，分别上、中、下，称为菩萨、辟支佛、声闻三乘一样。这三个名称中，初等是"如"，中是"法性"，最后是"真际"。"真际"为上，"法性"为中，"如"为下，按观力的深浅而有差别。

又，天竺以语音相近者作为名字。所以说，知诸法"如"，叫作"如来"。"如"正遍知一切法，所以叫作"佛"。

又，小乘经中也讲"如""法性"。如《杂阿含》中一位比丘问佛：世尊，这十二因缘法，是佛所作？还是别人所作？佛说：比丘，这十二因缘，不是我所作，也不是别人所作。不管有佛无佛，诸法的法性都是"如"，法性常住世间，永恒存在。所谓"此事有所以此事有，此事生所以此事生"，以无明为因而有识，以至生为因而有老死，因为这些因缘所以有诸苦恼；"此事无所以此事无，此事灭所以此事灭，如无明灭所以诸行灭，以至老死灭，最后灭诸苦恼。"佛为众生演说这些真理，好像太阳照耀万物，万物的长短好丑都显露了出来，但长短好丑并不是太阳所作。这些真理也本来就是如此，不是佛所作。就像这样，《声闻经》中说，世间本来常有生死法，无时不有，都不是佛所造。这就叫有佛无佛相常住。

至于"真际"，那就只有大乘法讲了。由于法性无量，普遍存在于一切法之中，如同大海之水。诸贤圣按照各自的智力，所得有多有少。声闻、辟支佛二乘之人智力差一些，不能深入法性，就去求证，证知如实的空理最为微妙，于是深厌因缘和合、有生灭变化的有为法，决定以"空"为真，不再去深求。诸菩萨有大智力，深入法性，不是到那里便在那里为证。虽然深入，也不是悟解了什么新的道理，只不过深入一些，就像饮大海水，有饮多饮少的差别，没有别的性质上的不同。

又，菩萨在顺忍位时，还未得无生法忍，观诸法实相，所悟得的是"如"。得无生法忍，继续深观，所悟得的就变为"法性"。到坐道场之时，于一切法中普遍证得法性，所悟得的便称为"真际"。如果没有证得真际，即使已悟法性，也还是菩萨，未得佛果。到坐道场时，诸佛以一切智悟得无量法性，才从菩萨道出来，谈得上佛道。

10　第十四章　问实法有并答

远问曰:《大智论》以色、香、味、触为实法有,乳酪为因缘有。^①请推源求例,以定其名。夫因缘之生,生于实法。又问:实法为从何生?经谓,色、香、味、触为造之色,色则以四大为本^②。本由四大,非因缘如何?若是因缘,复云何为实法?寻实法以求四大,亦同此疑。何者?论云,一切法各无定相,是故得神通者,令水作地,地作水。^③是四大之相,随力而变,由以兹观故。知四大与造色,皆是因缘之所化,明矣。若四大及造色非因缘,则无三相^④,无三相,世尊不应说以非常为观。非常,则有新新生灭。故曰:不见有法无因缘而生,不见有法常生而不灭^⑤。如此,则生者皆有因缘。

因缘与实法，复何以为差？

寻论所明，谓从因缘而有，异于即实法为有。二者，虽同于因缘，所以为有则不同。若然者，因缘之所化，应无定相；非因缘之所化，宜有定相。即此论《神通章》中说，四大无定相⑥。定相无故，随灭而变，变则舍其本。色、香、味、触出于四大，则理同因缘之所化，化则变而为异物。以此推，实法与因缘，未为殊异。《论》意似旨有所明，非是穷崖本极之谈，故取于君。

什答曰：有二种论，一者大乘论，说二种空，众生空、法空；二者小乘论，说众生空⑦。所以者何？以阴、入、界和合，假为众生，无有别实。如是论者，说乳等为因缘有，色等为实法有⑧。以于诸法，生二种着：一者着众生，二者着法。以着众生故，说无我法，唯名色为根本。而惑者于名色取相，分别是众生、是人、是天、是生、是舍、是山林、是河等。如是见者，皆不出于名色。譬如泥是一物，作种种器，或名瓮，或名瓶。瓮破为瓶，瓶破为瓮，然后还复为泥。于瓮无所失，于瓶无所得，但名字有异。于名色生异相者，亦如是。若求其实，当但有名色。闻是说已，便见一切诸法无我、无我所，即时舍离，无复戏论，修行道法。有人于名色不惑众生相，惑于法相，贪着法故，戏论名色。为是人故说色，名色虚诳，如幻如化，毕竟空寂，同于众生，因缘而有，无有定相。是故当知，言色等为实有，乳等为因缘有，小乘论意，非甚深论法。何以故？以众生因此义故得于解脱，若言都空，心无所寄，则生迷闷。为是人故，令观名色二法，无常苦空，若心厌离，不待余观。如草药除患，不须大药也。

又令众生离色等错谬，若一相，若异相，若常相，若断相，以是故说，色等为实有，乳等为假名⑨。有如是观者，即知众生缘法，非有自性，毕竟空寂。若然者，言说有异，理皆一致⑩。

又，佛得一切智慧，其智不可思议。若除诸佛，无复有人，如其实理，尽能受持。是故，佛佛随众生所解，于一义中三品说道⑪。为钝根众生故，说无常、苦、空，是众生闻一切法无常苦已，即深厌离，即得断爱得解脱。为中根众生故，说一切无我，安稳寂灭泥洹。是众生闻一切法无我，唯泥洹安稳寂灭，即断爱得解脱。为利根者，说一切法从本已来，不生不灭，毕竟空，如泥洹相。是故于一义中，随众生结使心错，便有深浅之异。如治小病名为小药，治大病名为大药，随病故便有大小。众生心有三毒⑫之病，轻重亦复如是。爱恚力等，愚痴则漏⑬。所以者何？爱，小罪而难离；恚，大罪而易离；痴，大罪而难离。以爱难离故是恶相，以小罪故非恶；以恚大罪故是恶相，易离故非恶相。是二力等故，遣之则易，所谓不净、慈悲、无常、苦观⑭。痴心若发，即生身见等十二见⑮，于诸法中，深堕错谬。为此病故，演说无我、众缘生法，则无自性，毕竟常空，从本以来，以无生相。是故，佛或说众生空，或说法空。言色等为实法，乳等为因缘有，无咎。

注释

①《大智度论》卷十二："复次，'有'有三种：一者相待有，二者假名有，三者法有。相待者，如长短、彼此等，实无长短，亦无彼此，以相待故有名，……如是等名为相待有。是中无实法，不如色、香、味、触等。假名有者，如酪，有色、香、味、触四事，因缘合故假名为酪。虽有，不同因缘法有；虽无，亦不如兔角、龟毛无。但以因缘合，故假名有。"

②小乘认为，人们所感知的对象物是由色、香、味、触等多种因素组成的复合体，没有自性，从这个意义上说，它是空的，是因缘有。构成这个复合体的色、香、味、触则具有自己不变的单一的性质，是实在的，是实法有。因为色、香、味、触构成各种物质复合体，所以说"色、香、味、触为造之色"。但色、香、味、触又是由地、水、火、风四大元素造成的，所以，从根

本上说，"色则以四大为本"。本书第二章《次重问法身并答》中，罗什说："所有色，皆从四大有。"第九章《次问答造色法》中，罗什说："是故说一切色，皆四大为根本。"可以参看。

③《大智度论》卷二十八："菩萨离五欲得诸禅，有慈悲，故为众生取神通，现诸希有奇特之事，令众生心清净，……菩萨摩诃萨作是念，已系心身中虚空，灭粗重色相，常取空轻相，发大欲精进心，智慧筹量心力能举身，……二者亦能变化诸物，令地作水，水作地，风作火，火作风，如是诸大皆令转易，令金作瓦砾，瓦砾作金，……"

④**三相**：指有为法三相，或称四相。《中论·观三相品》："有为法有三相：生、住、灭。万物以生法生，以住法住，以灭法灭，是故有诸法。"有时称四相，指生、住、异、灭。而有为法指的便是因缘而生的现象，《大智度论》卷三十一说："一切有为法，皆从因缘生，若不从因缘和合，则是无法。"

⑤如《中论·观四谛品》："未曾有一法，不从因缘生。是故一切法，无不是空者。"《大智度论》卷三："诸一切有为法，因缘生故无常；本无今有，已有还无，故无常。"

⑥《大智度论》卷二十八，关于菩萨能变化四大的

叙述，参看注③。

⑦意思是说，大小乘都说空，但小乘不彻底，只说众生空，大乘则还说法空。鸠摩罗什给大小乘所归纳的这一理论上的区别，是他的贡献。关于两种空的内容，《大智度论》卷十八解释说："若说谁老死，当知是虚妄，是名生空。若说是老死，当知是虚妄，是名法空。"

⑧**色等为实法有**：即构成乳这一复合物的色、香、味、触是实在的。

⑨**假名**：名，即名词、概念等语言文字；假，即假设、虚假。一切现象，都由因缘和合而成，并无自性，是不实在的，是空。虽空，却并非不存在，是有，但是假有。用语言文字表示假有，称为假名。

⑩小乘说无我、无我所，是突出地强调人无我，因为人类最容易把自身执着为实有，必须首先破人我执。其实，无我、无我所的论点就已经包含着法无我的因素。众生空、法空原是相通的。《大智度论》卷三十一已谈到这个道理："以人多着我及我所，故佛但说无我、无我所，如是应当知一切法空。若我、我所法尚不着，何况余法？以是故，众生空、法空，终归一义，是名性空。"

⑪《大智度论》卷二十三："问曰：是无常、苦、无我为一事，为三事？若是一事，不应说三。若是三

事，佛何以说无常即是苦，苦即是无我？答曰：是一事，所谓受有漏法、观门分别故，有三种异。"

⑫**三毒：**爱（贪）、恚（嗔）、愚痴（痴），合称三毒。

⑬**爱恚力等，愚痴则漏：**这两句的意思是说，爱和恚所起的作用相等，都不严重。愚痴则会形成漏，使种种烦恼漏泄流注，以至无穷，所以是严重的。

⑭**不净、慈悲、无常、苦观：**小乘禅法有不净观，即禅定中观想自身和他身从内到外、从生到死都是污秽不净的，用来对治贪欲（爱）重者。慈悲观，即在禅定中观想众生可怜之相，产生爱护和怜悯之心，尽力给众生以欢乐，为众生拔除痛苦，以对治嗔恚重者。无常观，即在禅定中观想一切有为法皆迁流不常住，都由因缘而生，认识三世因果相续的道理，以对治愚痴重者。苦观，即在禅定时观想五阴之身常为诸苦所逼，世界一切事物都是"六大"和合而成，分析而空，以对治我见重者。

⑮**十二见：**应为六十二见之误。《大智度论》卷七十，列举身见等六十二邪见。

译文

慧远问道：《大智度论》以色、香、味、触为实在之物，即"实法有"；以乳酪为色、香、味、触四者因缘和合而成，称为"因缘有"。请谈谈理由和例证，以便明白"实法有"和"因缘有"是怎么回事。所谓因缘和合而生，指的是由实法（实在之物）因缘和合而生，问题在于：实法又是从何而生的呢？经说，色、香、味、触是造成万物的"色"，又说，"色"以地、水、火、风四大为本。既然四大为本，那么，色、香、味、触岂不也是四大因缘而生的吗？如果色、香、味、触由四大因缘而生，为什么还要叫作"实法"呢？同样的道理，四大也很难说是"实法"。为什么呢？《大智度论》说，一切法（现象）都没有确定之相，所以，得神通的菩萨，可以使水变为地，地变为水。由此看来，四大之相随神通之力而变化，并没有确定的自性。地、水、火、风四大以及色、香、味、触四种造色，都是因缘和合变化而成，这是很清楚的了。如果四大及四种造色不是因缘和合所化成，便应该没有生、住、灭三相，没有三相，佛不应该说观一切法"非常"。所谓"非常"，便是旧的不断灭亡，新的不断产生。由于一切法"非常"，佛才说：不见什么现象是无因缘而生的，也不见什么现象是常生而不灭的。照这么说，凡是产生的都是有因缘的，四大及四种造色当然也都是由于因缘而产生的了。那么，因缘和实法又有何区别呢？哪里有什么单一不变的实法呢？

　　探求《大智度论》的解释，说是从因缘而有，和实法而有不同。也就是说，因缘有和实法有虽然都是由因缘而产生，但两种有不一样的地方。问题在于：不一样何在呢？因缘所化而成的，应该是没有定相的；非因缘所化而成的，应该有定相。但是，照《大智度论·神通章》所说，地、水、火、风四大没有定相。没有定相，有生有住有灭，灭后就变成了别的东西，变成了别的东西就不再是原来的东西。四大如此，色、香、味、触四种造色由四大而产生，也属于因缘所化而成，那就也会变成别的东西。由此推论，实法有和因缘有并没有什么不同。《大智度论》这种解释似乎别有意图，不是在追根究底地论述真理，所以向您求教。

　　罗什回答道：有两种理论，一种是大乘理论，讲二种空：众生空、法空。第二种是小乘理论，讲众生空。为什么说众生空呢？因为众生是由五阴、十二入、十八界和合而成，没有自性，并非实在的，只是假名为众生。这些小乘论者，说乳酪等是因缘有，色、香、味、触等色为实法有。本来，对于各种现象，有两种执着；一种是执着地以为众生实有；二是执着地以为诸法（万物）实有。为了教化执着于众生有的人，说无我法，指出众生所谓的"我"，其实是空，都不过是"名色"（精神现象和物质现象）因缘和合的产物。有的人不明白这个道理，从"名色"中取相，由此产生种种事物分别之相，什么众生呀、人呀、天呀、生呀、舍呀、山林呀、河呀等等。其实，所见的这些东西，都不过是"名色"的不同样子罢了。比如，泥是一种物质，造出种种器皿，或叫瓮，或叫瓶。瓮破了做瓶，瓶破了做瓮，都破了之后又都成为泥。瓮没有丧失什么，瓶也没有获得什么，只是叫作瓮，叫作瓶，叫法不同。由"名色"而产生种种事物分别相的人，就像这样，迷惑于瓮瓶的不同叫法了。如求实在之物，只有"名色"才是实在的。闻听佛的这种说法，便能懂得无我、无我所，即时舍离"我""我所"的观念，不再细论，而去修佛道、行佛法了。有的人看到了众生本性为空，是由"名色"因缘而成，不再迷惑地执着于众生相，但总认为诸法（万物）是实在的，由于贪着于法相，戏论"名色"实有。为了教化这些人，佛才进一步讲色，指出名和色都是虚妄不实的，如幻如化，毕竟空寂，同众生一样，是因缘和合而有，没有定相。由此可见，以色、香、味、触四种造色为实法有，乳酪等为因缘有的观点，乃是小乘的观点，不是深刻的佛理。既然如此，为什么还要讲小乘这种观点呢？因为众生接受这种观点，可以得到解脱，若是既讲众生空又讲法空，众生的心便没有依托而陷于迷惑苦闷之中。为了这些人的解脱，教他们观名、色两大现象都是无常、苦、空，如果他们能由此产生厌离世间之心，这就不必再讲说别的理论了。就像草药治了病，不再需用大药一样。

进一步，再讲众生之身体并非实有，也是色、香、味、触因缘和合而成，无论是众生的统一性或各不相同的差异性，无论是未变之时或已灭之后，都是色、香、味、触聚散的结果，所以，色、香、味、触为实有，乳酪以及人身等都是假名。接受这个观点的，便知众生是各种现象因缘而生，没有自性，毕竟空寂。可见，这两种说法，尽管不同，其实都是说空，根本道理是一样的。

又，佛得一切智慧，其智不可思议。除诸佛外，没有人能够运用实相之理来解释一切。佛智如此之高，能够按照众生的理解力，把实相之理分为三个层次来解说。为钝根众生，佛说无常、苦、空，这些人闻知一切现象都是无常和苦，便产生厌离世间之心，能断除对人生爱欲而得解脱。对中根的人，佛说一切法无我，只有泥洹安稳寂灭，归于永恒。这些人闻知一切法无我，只有泥洹安稳寂灭，归于永恒，悟知了一切法的空性本质，即把握了一切法的总相，便断绝对一切法的贪爱而得解脱。对于利根的人，佛引导他们以涅槃实相之理

（总相），回到世间观察一切个别现象（别相），说一切个别现象从根本上来说就是不生不灭的，毕竟空寂，如同泥洹。可见，对于同样的一个实相之理，随众生的结使不同，就有了说法深浅的差别，有了大小乘之分。就像治小病的药，叫小药，治大病的药，叫大药，跟着病叫而有大小药之分一样。众生之心有爱、恚、痴三毒之病，三毒轻重有不同。爱和恚的力相等，愚痴则成为漏，是最严重的病。为什么呢？因为爱是小罪而难离，恚是大罪而易离，痴是大罪而又难离。爱难离所以是恶相，但罪小又不是恶；恚因罪大是恶相，但易离也不是恶。这两种力相等，用不净观、慈悲观、无常、苦观等来断除，比较容易。痴这种病就不同了。痴心若是发动了，便会对各种法产生身见等六十二邪见，深深堕入错误之中。为了治这种病，佛演说无我之理、法由众缘而生之理，说明一切法都没有自性，毕竟常空，本来就无生，当然也无灭。所以，佛或说众生空，或说法空，都是依具体对象而定的。照此看来，说色、香、味、触四种造色为实法有，乳酪等为因缘有，也没有什么错误。

11 第十五章 次问分破空并答

原典

远问曰:《大智论》推叠求本,以至毛分,推毛分以求原,是极微。极微即色、香、味、触是也。^①此四于体有之,色、香、味、触则不得谓之假名。然则,极微之说,将何所据?为有也,为无也?若有实法,则分破之义,正可空叠,犹未空其本。本不可空,则是尺棰论之^②,堕于常见。若无实法,则是龟毛之喻,入于断见^③。二者非中道^④,并不得谓之假名。

设令十方同分,以分破为空,分焉讪有。^⑤犹未出于色,色不可出故,世尊谓之细色非微尘。若分破之义,推空因缘有,不及实法故,推叠至于毛分尽,而复知空可也。如此,复不应以极微为假名。极微为假名,则空观不止于因缘有，可知矣。然则，有无之际，其安在乎？不有不无，义自明矣。

什答曰：佛法中都无有微尘之名。但言色若粗若细，皆悉无常，乃至不说有极微极细者。若以极细为微尘，是相不可得，而论者于此多生过咎。是故不说有极细，色中不令众生起于爱缚，若有缚处，佛则为说缚解之法。

又，大乘经中，随凡夫说微尘名字，不说有其定相⑥。如极粗色不可得，极细色亦不可得。如优楼迦⑦弟子说微尘品，谓微尘定相有四：色、香、味、触。水微尘有色、味、触，火微尘有色、触，风微尘但有其触。是大离四法别有⑧，以地大故，四法属地，极小，名为微尘。一切天地诸色之根本，是不可坏相。佛弟子中，亦有说微尘处，因佛说有细微色，而细中求细，极细者想以为微尘桴⑨。为破外道邪见及佛弟子邪论，故说微尘无决定相，但有假名。何以故？如五指和合，假名为拳⑩，色等和合，假名微尘。

以佛法中，常用二门：一无我门，二空法门。无我门者，五阴、十二入、十八性、十二因缘，决定有法，但无有我。空法门者，五阴、十二入、十八性、十二因缘，从本以来无所有，毕竟空。若以无我门破微尘者，说色、香、味、触为实法，微尘是四法和合所成，名之假名。所以者何？是中但说我空，不说法空。故若以法空者，微尘、色等，皆无所有，不复分别是实是假。

又，不可谓色等为常相。所以者何？以从众因缘生，念念灭故。为阴、界、入摄故，亦不得言无。凡和合之法，则有假名，但无实事耳。如色入、触入，二事和合，假名为火。若以二法和合，有第三火法者，应别有所作，然实无所作。当知一火能烧，造色能造，无别法也，但有名字。是故，或说假名，或说实法，无咎。

注释

①《大智度论》卷十二："有极微色、香、味、触，故有毛分，毛分因缘故有毛，毛因缘故有毳，毳因缘故有缕，缕因缘故有叠，叠因缘故有衣。若无极微色、香、味、触因缘，亦无毛分。"

②《庄子·天下篇》载惠施的论点："一尺之棰，日取其半，万世不竭。"意思是说，一尺长的棍子，可以无限分割下去。慧远这里是取惠施论点，说明既然可以无限分割，那么，即使无限分割，也总还是有。

③**龟毛之喻，入于断见**：龟身无毛，兔身无角，所以常用龟毛兔角说无。如《大智度论》卷一："说一切有道人辈言神人，一切种、一切时、一切法门中求不可得，如兔角龟毛常无。"

④**中道**：世俗之人误以为一切现象都有自性，都是真实的，这种以一切为有的观点叫作俗谛。认为一切现象都由因缘和合而生，自性皆空，这种观点叫作真谛。把真谛和俗谛统一起来，既要看到现象性空，又要看到现象假有，即综合空假而为中。既不偏于俗谛一边，也不偏于真谛一边，便是中道。中道是中观学派的基本概念。《中论·观四谛品》解释说："众因缘生法，我说即是无，亦为是假名，亦是中道义。"

⑤《大智度论》卷十二认为极微也是因缘有：其中"问曰：亦不必一切物皆从因缘和合故有，如微尘至细故无分，无分故无和合，叠粗故可破，微尘中无分，云何可破？答曰：至微无实，强为之名。何以故粗细相待？因粗故有细，是细复应有细。复次，若有极微色，则有十方分，若有十方分，是不名为极微；若无十方分，则不名为色。复次，若有极微，则应有虚空分齐，若有分者，则不名极微。复次，若有极微，是中有色、香、味触作分，色、香、味、触作分，是不名极微。以是推求微尘，则不可得。如经言，色若粗若细，若内若外，总而观之，无常无我，不言有微尘，是名分破空。"

⑥如《法华经·化城喻品》"譬如三千大千世界所有地种，假使有人磨以为墨，过于东方千国土，乃下一点，大如微尘。又过千国土，复下一点。如是辗转，尽

地种墨。"

⑦**优楼迦**：传说为释迦牟尼佛出世前八百年时人，为胜论宗的祖师。

⑧**是大离四法别有**：疑有脱漏，应为"是四大离四法别有"，意思是说，地、水、火、风四大与色、香、味、触四法各自独立存在。

⑨**微尘桴**：《阿毗达磨俱舍论》卷十二：对极微做了具体描述。说隙游尘（飞散在虚空中的尘）的七分之一，名为牛毛尘；牛毛尘的七分之一，名为羊毛尘；羊毛尘的七分之一，名为兔毛尘；兔毛尘的七分之一，名为水尘；水尘的七分之一，名为金尘；金尘的七分之一，名为微；微的七分之一，名为极微。"微尘桴"，不详，疑"桴"字为衍文。

⑩《大智度论》卷九十九："如五指和合名为拳，不得言无拳。"

译文

慧远问道：《大智度论》分析组成叠的基本成分，分析到毛分，由毛分再分析到最小单位，是极微。极微就是色、香、味、触。色、香、味、触四者是单一的实体，不是因缘和合而成，所以不能称为"假名"。那么，把极微称为最小单位又有什么根据呢？它是"有"，还是"无"呢？如是实在的现象，是"有"，由叠分析到极微，可以证明叠为因缘而有，并无自性，其性为空，但没有证明极微性空。极微这个基本单位却仍是实在的有，其性不空。这就像一尺长的木棍，可以无限分割下去，无论分割成多么小的单位，它总还是"有"，不会成为"无"。同样的道理，把叠分析到极微，极微也总还是"有"，不是空无。可是，抱这种观点，就堕入常见。反过来说，如果认为极微不是实在的现象，而是"无"，如同龟毛一般的"无"，那又堕为断见。对极微的这两种观点都不合中道，都不能由此把极微称为"假名"。

若是从十个方向同时分割，能分割了便是空，那么，分割之后，被分割者的"有"虽然不存在了，但分割出来的小单位还是"色"（物质）。由于无论怎样分割也脱不出"色"的范围，因而佛称之为"细色"，不叫"微尘"。如果分割的意义，在于证明事物是因缘而有的，本性为空，并不是实在之物，那么，由叠分割到毛分就可以了，就能知叠性为空了。还有，就算是分析到了极微，也不应该把极微称为"假名"。把极微称为"假名"，则空观的内容便不止是因缘有，也包括"实法有"了，这是可以推知的。可见，极微到底是"有"是"无"，怎么搞得清楚呢？既然不能说是"有"，又不能说是"无"，说它是"不有不无"，那就是很合理的了。

罗什答道：佛法中从来没有"微尘"这个名词，只说粗也罢，细也罢，都是无常，甚至不说有极微、极细。如果把极细当微尘，不知道极细是什么样子，于是议论纷纷，很多人会由此产生过错。所以，不讲极细，不使众生在色上产生追索答案的爱心，受这种爱心的束缚，如有束缚之处，佛就演说解缚之法。

又，大乘经中，也跟随凡夫说"微尘"这个名词，但从来不说它有什么确定的样子。极粗的色（物质）是什么样子不知道，极细的色是什么样子也不知道。优楼迦弟子胜论宗人讲，微尘有四种确定之相：色、香、味、触。水微尘有色、味、触，火微尘有色、触，风微尘只有触。地、水、火、风四大与色、香、味、触四法是各自独立存在的，只有地大同时具有色、香、味、触四法。地大分割到极小，叫作微尘。微尘是天地间一切色的根本，是不变的也不可再分割的基本单位。佛弟子也有的地方谈微尘，因为佛说有细微色，所以，佛弟子细中求细，在主观中把色分析到最细，称最细的为微尘。为了破除外道的邪见和佛弟子中的邪论，说微尘没有确定的样子，只有假名。为什么说它是假名？比如五指合拢，假名叫拳，色、香、味、触和合，假名叫微尘。

在佛法中，常用二法门：一是无我门，二是空法门。所谓无我门，是说五阴、十二入、十八性、十二因缘等，和合为人，人没有自性，即没有实在的"我"，这叫"人我空"。所谓空法门，则认为组成人和万物的五阴、十二入、十八性、十二因缘，也从来就没有自性，毕竟是空，这叫"法我空"。如用无我门破微尘，便说色、香、味、触为实法，而微尘则是色、香、味、触这些实在之物因缘和合而成，假名为微尘。为什么讲色、香、味、触为实法呢？因为无我门只讲人我空，不讲法空。若是空法门，便不但讲人我空，而且讲一切法都空，什么微尘呀，什么色呀，通通没有，不再去区别什么是实法，什么是假名。

又，不可以为色、香、味、触有常相，是不变的东西。为什么呢？因为色、香、味、触也是由各种因缘和合而生的，也在我们的每一念头中不断地灭亡。由于它们受五阴、十八界、十二入所牵连而有，不能说它们是无，只是假名而有罢了。凡因缘和合而生的现象，都是假名，不是实在之物。如色入、触入，二事和合而成火，火是假名。若是除了色入、触入二法和合而为火，还有第三种火法，那么，应该另外有造出的火，但实际上没有。可见，只有一种能烧的火，色入、触入两种造色能造成，再没有别的火了。而这种火是没有自性的，

只有火之名。由此可见，关于微尘，或说是因缘而有的
假名，或说是实法，都不错。

原典

又，佛法圣观有四种：一、无常，二、苦，三、
空，四、无我。佛或以无我观度众生，或以空观度众
生。若说无我，则有余法；若说空，则无所有。若以空
法破微尘者，则人不信受。何以故？汝乃言无粗色，何
独说无微尘也？若以无我法无微尘者，人则易信。

"若无实法，则龟毛之喻，入于断见"者，是事不
然。何以故？或有言我同于身，若身灭者，我即同灭，
亦复无有至后身者。若无微尘，不在此例也。又不以
我为断常见。所以者何？我、我所见，名为身见①。五
见各别故。或言五阴，因变为果，名之为常。或以五
阴是有为法，因灭更有果生，名之为断。而智者分别
寻求微尘理极，本自无法，则无所灭。如我本来自无，
虽复说无，不堕断灭之见。如是以无我门说破微尘，
不堕断灭中。

注释

①**身见**：自身为我，自身以外的万物为我所有。以
"我"为实有的人，以为自身之外的万物都是我所有。

这种把"我"和"我所"当作真实存在的观念，叫作身见，或称我见。身见为五见（身见、边见、邪见、见取见、戒禁取见）之一。

译文

又，佛法有四种观：一、无常，二、苦，三、空，四、无我。佛有时讲无我观度脱众生，有时讲空观度脱众生。若说无我，意味着有别的法存在；若说空，便法、我都无。但若用空法破除微尘实有观念，人不信受。为什么呢？人们会说，你只要说无有粗大的色便行了，反正一切皆空，何必专门说微尘无有呢？若用无我法说无有微尘，人们就容易信服接受了。

您说："如果认为极微不是实法，而是如同龟毛一般的无，那就堕入断见"，这话是不正确的。有的说，"我"指的是自己的身体，身体灭亡了，"我"就同时灭亡了，也不会有什么后身，这叫断见。至于无微尘的观点，与此不是一类，既不能算断见，也不能算常见，因为这种观点与"我"毫无关系。"我""我所"的观念，是身见。身见、边见、邪见、见取见、戒禁取见，这五见各有各的内容，不要混淆。断见、常见，都属于边见，不是身见。五见的区别，这里不谈。就说边见中的断见、常见吧，与无微尘的观点根本不同内容。什么是断见、常见呢？有的人认为，五阴和合而为我是由前世之因而得，前世之因变化为今世之果，因到了果中，因并没有消失，所以，我是常住不变的，这种观点叫作常见。有的认为，五阴是因缘和合而生、有生灭变化的有为法，前世之因灭了，才有今世之果产生，前世五阴灭了，今世的五阴是新生，所以，人死一切断灭，不受果报，这种观点叫作断见。而无微尘的观点不是说"我"，是说微尘的。聪明人分析寻求微尘的至理，知道微尘本来是无，既无所生，当然无所灭。比如"我"本来是无，就是讲"无我"，也不算堕入断见。这样看来，用无我之说来破除微尘实有之论，也不算堕入断见的。

原典

又，摩诃衍法，虽说色等至微尘中空，心、心数法至心中空，亦不堕断灭中。所以者何？但为破颠倒邪见故说，不是诸法实相也。若说无常，破常颠倒故；若说心、心数法念念灭，破众缘和合一相故[①]。常不实，不常亦不实；若合相不实，离相亦不实；若有相不实，无相亦不实。一切诸观灭，云何言断见？断见名先有今无。

若小乘法，初不得极粗色乃至极细色。若大乘法，毕竟空，现眼所见，如幻如梦，决定相尚不可得，况极细微尘也。极粗极细，皆是外道邪见戏论耳。如外道微尘品②中，师云：微尘是常相。何以故？是法不从因生故。问曰：其云何可知？答曰：微尘和合。粗色可见，当知粗色是微尘果，果粗故可见，因细故不可见。是故，有因必有果，有果必有因。

又，无常遮常故，当知定有常法。所以者何？与无常相违故。以无明故，定有常法，令无常明故，当知无明中有常法。粗物多和合故，色在其中，而可明见；微尘中虽有色，以无余故，而不可见。设多风和合，色不在中，则不可见。如一二寸数法、量法，一、异、合、离、此、彼、动作等，因色和故则可见③。若数量等，于无色中者，则不可见。

如是等外道戏论微尘。是故说微尘如水中月，大人见之，不求实事。如是若粗色若细色，若远若近，若好若丑，若过去若未来，悉是虚妄，皆如水中月，不可说相。但欲令人心生厌离，而得涅槃。受、想、行、识亦如是。

注释

①**若说心、心数法念念灭，破众缘和合一相故：**一切现象都由因缘和合而生，也由因缘离散而灭，有生、住、异、灭四相。有的人却只看到因缘和合而生这一

相，所以，说心、心数法念念灭，以破除只见生这一相的错误观念。

②**外道微尘品**：即前面所说的优楼迦弟子说微尘品，即胜论观点。

③**因色和故则可见**：胜论的德句义列十七德：色、香、味、触、数、量、别体、合、离、彼体、此体、觉、乐、苦、欲、嗔、勤勇，表示实体的形状、位置等静止的属性。这十七种分为三类，前四种色、香、味、触为一类，是实法；后六种觉、乐、苦、欲、嗔、勤勇为一类，是业，其实是精神现象，不可见；中间的七种数、量、别体、合、离、彼、此为一类，与色和合则可见，无色结合则不可见。

译文

又，按大乘的观点，虽然讲说从色、香、味、触以至微尘都空，心、心所法以至心中都空，也没有堕入断灭之见中。为什么呢？因为这些讲空是为了破除各种颠倒的邪见，不是讲诸法实相。就像讲无常，是为了破除"常"这种颠倒之见；讲心、心所法念念灭，是为了破除只知因缘和合而生这一相的错误观点。其实，"常"不实，"不常"也不实；合相不实，离相也不实；有相不实，无相也不实。一切观点都没有了，怎么能说是断见？所谓断见，指的是先有今无。今无先也无，是不算断见的。

如小乘法，当初就认为极粗色和极细色都不可得，根本就不讲微尘。大乘法观一切法毕竟空，眼前所见到的一切，如幻如梦，认不出个确定的样子，何况极细的微尘呢？小乘和大乘原先就不讲微尘，现在说微尘为无，怎么能算断见呢？其实，极粗极细，本来都是外道的邪见戏论。如胜论谈微尘，胜论师说：微尘是常相。为什么呢？因为微尘不是从因缘而生的。问：怎么知道微尘不是因缘所生呢？答：因为各种事物都是微尘和合而成的。各种事物粗大而可以见到，实际上粗大的事物都是微尘组成的结果，果粗大所以可见，因微细所以不可见。因此，有不可见之因和合必有可见之果，有可见之果必有不可见之因和合。

他们又说，无常的观念遮住了常的观念，但既有无常，就一定有常。为什么呢？因为常与无常总是相对立而存在的。由于无明的缘故，一定有常法的存在，如此才能凸显无常法的存在，所以无明中一定有常法的存在。应该想到粗的物质由于是多种法，其中包括色法和合而成的，所以可以明白见到；微尘中虽然有色，但没有别的东西，所以不能见。假设多种风和合，其中没有色，只有触，则不可见。如一二寸数法、量法、一、异、合、离、此、彼、动作等，因与色和合，所以可见。如是数量等，没有色，就不可见。

以上这些说法，都是外道关于微尘的戏论。为了破除这些戏论，所以说微尘如水中之月，有智之人知道这一点，也并不把微尘当作实在之物。色是粗是细，是远是近，是好是丑，是过去是未来，都是虚妄，如同水中之月，不可说是什么样子。由此引导人们厌离一切色，而得涅槃。对色如此，对受、想、行、识也是如此。

原典

又，众生无始世界以来，深着戏论故，少于有无中，见有过患，直至涅槃者。是故佛意欲令出有无故，说非有非无，更无有法。不知佛意者，便着非有非无。是故，佛复破非有非无。若非有非无能破有、无见，更不贪非有非无者，不须破非有非无也。若非有非无虽破有、无，还戏论非有非无者，尔时，佛言：舍非有非无，亦如舍有无。一切法不受不贪，是我佛法。如人药以治病，药若为患，复以药治，药若无患则止。佛法中智慧药亦如是，以此药故，破所贪着。若于智慧中，复生贪着者，当行治法。若智慧中无所贪着者，不须重治也。

译文

　　又，众生从无始以来，受戏论的深刻影响，很少能在"有""无"观念中看出错误和祸害，以至由此能到涅槃的。佛意图引导众生跳出"有""无"观念，所以，讲非有非无，而不是真的有一个非有非无的法存在。不懂佛意的人，却由此又执着于"非有非无"，于是，佛又破"非有非无"观念。如果非有非无能破除"有""无"之见，而又不贪着"非有非无"，那就不需要破除非有非无。如果非有非无虽破除了"有""无"之见，却戏论"非有非无"的，那时佛便说：舍"非有非无"，就像舍"有""无"一样。对一切现象都不接受不贪着，这是我佛之法。比方药是治病的，药如果为害，再用别的药治，药如果不为害就不必了。佛法中的智慧药也是这样的，用非有非无这味药，破众生对"有""无"的贪着，要是对非有非无这味智慧药产生贪着，便应该对治这种贪着。当然，如果对这味智慧药无所贪着，就不需要再治了。

12 第十六章　次问后识追忆前识并答

原典

远问曰：前识虽冥传相写，推之以理，常、断二非故。际之而无间，求相通利则有隔。何者？前心非后心故，心心不相知；前念非后念，虽同而两行，而经有忆宿命之言①。后识知前识之说，义可明矣。

《大智论》云，前眼识灭，生后眼识，后眼识转利有力。色虽暂有不住，以念力故能知。推此而言，则后念可得追忆前识。若果可追忆，则有所疑。

请问：前识后念，为相待而生？为前识灭而后念生？为一时俱耶？若相待而生，则前际其塞路。若前灭而后生，则后念不及前识。若生灭一时，则不应有利钝之异。何以知其然？前识利于速灭，后念利于速生，利即同速，钝亦宜然。若其间别有影迹相乘，则会玄于文表，固非言缘所得。凡此诸问，皆委之于君，想理统有本者，必有释之。

什答曰：有人言，一切有为法，虽无常相，念念生灭，有念力名为心法。此念生时，自然能缘身所经来，相自尔故，如牛羊生时自趣乳，譬之如铁自趣磁石。如是念有大力，所经虽灭，而能知之。譬如圣智者，能知未来事。虽未生未有，圣智力故，而能知之。念过去事，亦复如是。又，念与心义同，不相离故，是故说念则说心。

复有人言，诸法实相，若常虚妄颠倒，无常亦如是。如般若波罗蜜②中，佛告须菩提，菩萨若常，不行般若波罗蜜；若无常，亦不行般若波罗蜜。是故，不应难无常是实法灭，云何后心能知前心也？是故《如品》中，佛说，现在如即是过去如，过去如即是未来如，未来如即是过去现在如，过去现在如即是未来如③。如是等际三世相。际三世相故，云何言后心为实有，以过去心为实无耶？

复有人言，心有二种：一者破裂分散，至念念灭，似如破色至于微尘；二者相续生故，而不断灭。若念念灭，生灭中不应以后心知前心事。若相续不断中，则有斯义。如佛告诸比丘，心住者当观无常相。以心相续不断故，名为心住，相续中念念生灭故，当观无常相。

如灯炎，虽有生灭，相续不断故，名有灯炷而有其用，若炎中生灭故，则无灯用。心亦如是。有二种义故无咎。虽念念灭，以不断故而有其用，能以过去未来之事，设心异缘。但以后心缘于前心者，不须缘彼所缘，若以前心，则能通其所缘。

注释

①《大智度论》卷一："虽常用神通，自念宿命，迦叶佛时持戒行道，而今现修苦行，六年求道。"

②此处所说般若波罗蜜，不详。

③《摩诃般若波罗蜜经·大如品》："复次，如来如不在过去如中，过去如不在如来如中；如来如不在未来如中，未来如不在如来如中；如来如不在现在如中，现在如不在如来如中。过去未来现在如、如来如，一如，无二无别。"

译文

慧远问道：前一世的识，虽然传说可以回忆出来，但按道理推论，则既不是常（不灭），也不是断（灭亡）。把它和现在的识分开吧，中间没有隔断；求它们相通相连的线索吧，又有前识与后识的不同。为什么呢？前心不是后心，所以前心后心互相不了解；前念不是后念，虽然同是念却各有各的活动。经中有佛回忆宿命的话，可见后识知道前识，这个意思是明白的。

《大智度论》说，前世的眼识灭，生后世的眼识，所以后世的眼识能变得锋利有力。外界的物质现象，虽然只是暂存，无法永久停留，但是由于念力的缘故，我们仍可认知它们。按《大智度论》的这种论述，后念可以追忆前识。若是果然可以追忆前识，我有疑问。

请问：前识与后念是互相依赖而生的吗？是前识灭后才有现在的念生吗？是同时共生的吗？如果是互相依赖而生，一个人心中只装那么多念头，有了前识恰恰堵塞今世之念出生。如果前识灭后才有后念出生，后念就接不上前识。如果同时生灭，那就无所谓利钝的不同。怎么知道无所谓利钝的不同呢？因为是同时生灭，要说锋利，后念速生，前识必定速灭；要说迟钝，前识灭得慢，后念生得也必定慢。当然，可能会有别的因缘起作用，便应该在文中说明，文中却找不到这样的说明。这些疑问，都委托给您，想来以您的渊博，一定能做出解释的。

罗什回答说：有人说，一切有为法，虽然没有常相，念念之间生灭不已，但有一种叫作心法的念力。这种念产生之时，自然能攀缘此身的经历而来，因为这是念力的自性，就像牛羊生下来自然能找吸其母乳头，又像铁自然趋附磁石。如果这种念有大力，即使经历的事情消失了，还能知道。比如有圣智的人，能知未来之事，虽然事情还没有发生，由于有圣智力，可以知道。对于过去的，当然也能知道。又，念和心的含义相同，因为互相不能分离，所以，说念就是说的心。

也有人说，诸法实相，非常非无常，说常是虚妄颠倒，说无常也是虚妄颠倒。如《般若波罗蜜》说：佛告须菩提，菩萨若对常贪着，不会去修行般若波罗蜜；若贪着无常，也不会去修行般若波罗蜜。实相非常非无常，不生不灭。认为无常就是实在事物的灭亡，属于戏论，对于这种戏论，不必抱住不放，硬要追问。既然诸法实相非常非无常，不生不灭，后心知前心也就可以理解了。为什么后心能知前心呢？佛在《如品》中说，现在"如"就是过去"如"，过去"如"就是未来"如"，未来"如"就是过去现在"如"，过去现在"如"就是未来"如"。"如"，是过去、现在、未来三世的共相，三世的"如"没有什么区别，分开说是三世，从"如"说是一个。既然如此，为什么要说后心为实有，过去心为实无呢？

又有人说，心有两种：一种破裂分散，分散到念念灭，前念消灭，后念才生，就像把色分割到微尘那样；第二种是相续而生的心，虽然也不断灭，但又连续不断地生。若是第一种心，念与念是分散的，前念之灭与后念之生不相连，后心便不应知前心之事。若是第二种心，念念连续不断，后心就能知前心。如佛告诸比丘，心住于一境的，应该观无常之相。所谓"心住"，就是心连续不断，虽然念念灭，同时有念念生，互相连续，所以应该观无常之相。

像灯焰，虽有生有灭，连续不断，因而叫作灯炷而能用来照明，如果焰中的火之生灭各不相续，便不能用来作照明的灯。心也是这样的。说心有两种，其中一种为念念灭；一种为连续不断的心，这种说法没有错误。尽管一念接一念地灭亡，却又一念接一念地产生，相续不断而能起作用，能由过去未来之事，知道现在特殊因缘下心的活动内容。如说后心攀缘前心的话，不需要再攀缘前心的因缘，只要攀缘前心，也就知道前心因缘了。

13　第十七章　次问遍学并答

遍学①菩萨虽入二道②，悉行悉知，而不决定取泥洹证。所以者何？本有不证之心，不舍一切故。理穷则返。如入灭尽定③，先期心生，设复暂灭，时至则发。

远问曰：如菩萨观诸法空，从本以来，不生不灭。二乘道者观法生灭，何得智及断，是菩萨无生法忍④？

什答曰：二乘虽观生灭，不别于不生不灭。所以者何？以纯归不异故。如观苦生灭，观尽不生不灭，但为尽谛，而观三谛。是以经言，苦谛知已，应见如恶如贼，皆为虚妄；集谛知已应断；道谛知已应修；灭谛知已应证⑤。

又，声闻经言，入泥洹时，以空空三昧等，舍于八圣道分⑥。以是故言，尽谛为真无上之法。若三谛是实，不应有舍，舍故则非实也。经言实者，欲为颠倒故，于实法相，则非谛也。若不受不着，而不取相，则为真谛。不生不灭，其相亦然。二皆同归无相解脱门⑦。

又，声闻经言，无常即是苦，苦即是无我⑧，若无我则无我所，无我所者，则为是空，不可受着。若不受着，则是不生不灭。

注释

①**遍学**：研修真理，慕求胜见，称为学。菩萨遍学声闻、缘觉二乘以至外道神通诸善之法等，以成就一切智，称为遍学。遍学即学遍。

②**二道**：指无间道、解脱道。其智不为惑所间断，称无间道。其智离系缚之惑，称为解脱道。依《俱舍论》说：三界分为九地，九地一一有修惑、见惑。一地之修惑又分九品断之，每断一品惑，各有无间、解脱二道。即正断烦恼之位为无间道；断后相续所得之智为解脱道。

③**灭尽定**：又称灭受想定，为二无心定之一。得不还果（阿那含）以上的圣者，作假入涅槃之想而入于此定，最长者七日，心及心法一切都灭。

④《摩诃般若波罗蜜经·遍学品》："须菩提，是八

人若智若断，是菩萨无生法忍。须陀洹若智若断，斯陀含若智若断，阿那含若智若断，阿罗汉若智若断，辟支佛若智若断，皆是菩萨无生忍。"慧远的问题是针对这一段论述提出的。

⑤《摩诃般若波罗蜜经·遍学品》："苦圣谛应见，集圣谛应断，灭圣谛应证，道圣谛应修，是为戏论。"

⑥空空三昧，见本书第十章《次问罗汉受决并答》注④。八圣道分，见本书第四章《次问真法身寿量并答》注⑦。《大智度论》卷九十四："二谛（指苦谛集谛），有漏凡夫所行法，故可是虚诳不实。道谛是无漏法，无所着，虽从因缘和合生，而不虚诳。又灭谛是无为法，不从因缘有，云何言四法皆是虚诳？答曰：初得道，知二谛是虚诳。将入无余涅槃，亦知道谛虚诳。以空空三昧等舍离道谛，如说筏喻，灭谛亦无定法。如经中说，离有为，无无为，因有为，故说无为。苦灭如灯灭，不应戏论求其处所，是故佛说，不以用苦乃至用道得灭。"《大智度论》在这里说的是四谛都不实，罗什则以灭谛为实，其他三谛不实，有所不同。

⑦**无相解脱门**：为三解脱门之一。三解脱门，又称三无漏定，为能入涅槃之门，所以称解脱门：一、空解脱门（空我、我所）；二、无相解脱门，即无十相（色相、声相、香相、味相、触相、生住坏相、男相、女

相），诸法皆空；三、无愿解脱门，对诸法无所愿乐，所以无所造作，又称无作解脱门。

⑧《大智度论》卷二十三："问曰：是无常、苦、无我为一事为三事？若是一事，不应说三；若是三事，佛何以故说无常即是苦，苦即是无我？"问者为小乘人。

译文

遍学菩萨虽然已经进入无间道和解脱道，对这二道的内容都已知道也已照着做，但不去证入涅槃。为什么呢？因为要度脱众生，本来就不打算证入涅槃。对涅槃之理研究透彻了，自然返回来不入涅槃。这就像入灭尽定，先有不灭之心，入定时此心暂时消失，一旦出定，此心自然又发。

慧远问道：比如菩萨得无生法忍，观诸法（世间一切现象）都空，从来便不生不灭。声闻、辟支佛二乘，观诸法却是有生有灭的，他们没有知无生法的智，没有断除生灭观。怎样才能具有这种智和断，也得菩萨的无生法忍呢？

罗什答道：声闻、辟支佛观诸法虽然有生有灭，和观诸法无生无灭没有什么区别。为什么这样说呢？因为结果是一样的。比如，由苦谛观苦，苦有生有灭，观透彻了，便明白这都是因缘和合或离散造成的生灭，其实，苦本身无生无灭，无有自性，本来是空。不只苦谛如此，集谛、道谛也是空，都是为了悟解灭谛才观这三谛的。所以经说，知道苦谛，应该见到人生如恶如贼，都是虚妄；知集谛后，应该断除对人生的贪恋；知道谛后，应该知道如何修行；知灭谛后，应该知道证入涅槃。

又，声闻经说，入涅槃时，以空空三昧等，舍去道谛的八圣道分。由此可见，灭谛是真正的无上之法，其余苦、集、道三谛都是虚妄不实的。如三谛是实，不应该有所舍弃，既然舍弃，可见不实。有的经说三谛是实，这是为了引导众生摆脱颠倒之见，如果从诸法实相来说，这三谛并非佛法的精髓。只有对诸法不接受，不贪着，不去管它们是什么样子，才是佛法的真理。何必管它们是什么样子呢？它不生不灭，它的样子也就是那么个不生不灭的空相罢了。懂得诸法不生不灭，以及涅槃空相之理，这两种的结果都同样归于无相解脱门。

又，声闻经说，无常就是苦，苦就是无我，无我必定无我所，无我所当然是观一切皆空，不可接受，不可执着。而不可接受，不可执着，就是观一切法不生不灭，也就是无生法。

原典

问曰：诸佛虽非我所，云何则不生不灭耶？

答曰：不然！若实生灭，应可受着，又不应用空空三昧。如佛常云，一切不受[1]，心得解脱，得泥洹。岂是虚言？若生灭可取着者，则是分别，非为实相。若非实相，不得以不生不灭为虚，生灭为实。但为生死粗观念心厌离故，说言生灭。如人远见青气，近无所睹。如是一切贤圣，皆应一道无有异耶？而大小之称，根有利钝，观有深浅，悟有难易，始终为异，非实有别。如人食面，精粗着品，而实不异。

前答云：遍学菩萨虽入二道，悉行悉知，而不决定取泥洹证。所以者何？本有不证之心，不舍一切故，理穷则返。如入灭定，先期心生，设复暂灭，时至则发。

注释

①**一切不受**：见《摩诃般若波罗蜜经·相行品》："是般若波罗蜜自性不可得，故不受。何以故？无所有法是般若波罗蜜。舍利弗，以是故，菩萨摩诃萨行般若波罗蜜，行亦不受，不行亦不受，行不行亦不受，非行非不行亦不受，不受亦不受。何以故？一切法性无所

有，不随诸法行，不受诸法相故，是名菩萨摩诃萨诸法无所受三昧广大之用。"

译文

慧远问道：无"我"，必定无"我所"，无"我所"就是观一切皆空，不可接受，不可执着，也就是观一切不生不灭。但诸佛并不在"我所"的范围，怎么也是不生不灭的呢？

罗什回答道：不是这个道理啊！如果确是实在的生灭，应该可以接受，可以执着，并且用空空三昧也不能灭尽。其实，哪里有什么实在的生灭呢？佛常说，一切不受，心得解脱，就悟解了涅槃之理，这话岂是假话？如果生灭可以接受，可以执着，那只是假有的分别相，不是实相。不是实相，就不能以不生不灭为虚妄，以生灭为真实。只是为了使众生对生死的这种粗俗观念产生厌离之心，所以，才把虚妄的生灭当作实在的生灭来说。比方人们远远看到青气，走近了却看不到了。生灭就像青气，远看似有，近看实无。不过，一切贤圣对生灭的看法都是一样的，没有区别吗？当然不是，其中有大小乘的区别。大乘以生灭为虚妄，小乘则以生灭为实在，不是生灭的实相有何区别，而是大小乘的根器有利钝、观有深浅、悟有难易，始终有所不同的缘故。比方人吃面，有精有粗的等级差别，其实一样都是面。

前面曾说过：遍学菩萨虽然已经进入无间道和解脱道，对这二道的内容都已知道也已照着做，但不去证入涅槃。为什么呢？因为要度脱众生，本来就不打算证入涅槃。对涅槃之理研究透彻了，自然返回来不入涅槃。这就像入灭尽定，先有不灭之心，入定时此心暂时消失，一旦出定，此心自然又发。

原典

问曰：无漏圣法，本无当于二乘。二乘无当，则优劣不同，阶差有分。分若有当，则大乘自有其道，道而处中，其唯菩萨。乘平直往，则易简①而通。复何为要经九折之路，犯三难②以自试耶？

又，三乘之学，犹三兽之度岸③耳。涉深者，不待于往复，往复既无功于济深，而徒劳于往返。若二乘必是遍学之所经，此又似香象先学兔马之涉水，然能蹈涉于理深乎？如其不尔，遍学之义，未可见也！

答曰：菩萨欲成一切智④故，于不善、无记法中，尚应学知，何况善法耶？外道神通诸善之法，亦当学知，况贤圣道法乎？如人目见一切好丑之事，须用则用，若不用者，见之而已！菩萨如是。以慧眼见知一切法，直入大乘行者而行之，余二乘法，唯知而已。

或有人言，佛说遍学，为以导二乘人故。如佛本为菩萨时，虽知六年苦行非道，但为度邪见众生故，现行其法，既成佛已，毁訾苦行，说言非道⑤。闻者即皆信受，以佛曾行此法，实非道也。若菩萨但学大乘法者，二乘之人谓，菩萨虽总相知诸法⑥，而不能善解二乘法也。

　　又，二乘法是菩萨道。所以者何？用此二道，度脱贪着小乘众生，取之则易。

　　又，如人密知是道非道，便离非道行正道。菩萨亦如是，明知二乘行法，不能至佛，即离其法，行于大道。然行者虽学二乘之法，而不失其功，以成佛乘故。而小乘人钝根，不能通达大乘法故，迂回为难。大乘之人，利根智力强故，不以为难也。如能浮人，虽入深水，不以为难。九折三难者，此皆毕竟空⑦智慧之分，不得以之为难。虽不能度，不期成佛为异耳。

　　以诸菩萨从发意以来所行之道，与毕竟空智和合。如《般若波罗蜜·初品》中说，施者受者，物不可得。⑧是故非为难也。言三兽者，如兔不能及象马之蹹，马不能及象所蹹。如马要先经兔道，然后自行其道，香象要先经兔马之道，然后自到其地。菩萨亦如是，先经二乘之地，然后自到其道也。

注释

①**易简**：取自《易·系辞上》："易简而天下之理得矣。"

②**三难**：指地狱、饿鬼、畜生三恶道之苦难。

③**三兽之度岸**：指兔、马、象三兽渡河，兔子浮而渡河，足在水上，比喻声闻悟道最浅。马足在水中，或到底或不到底，比喻缘觉悟道稍深。象足到水底，蹈沙而渡，比喻菩萨悟道最深。见《毗婆沙论》卷四。

④**一切智**：大乘佛教又称为根本无分别智，即从现象的总体上观一切皆空，唯有涅槃为实的智慧。这是罗什介绍的整个般若认识过程的一个初级阶段，讲空彻底的小乘派别也可以达到这个阶段。另外，请参第二章《次重问法身并答》注㊿。

⑤释迦佛出家后，到深山幽谷静坐。他先实行苦行六年，每日吃一麻一米，四时风雨雷电，坐姿不变，身体消瘦，形同枯木。后来决定抛弃苦行，并在菩提树下深思七日七夜，证得正觉成佛。见《因果经》卷三、《修行本起经》卷下等。

⑥**菩萨虽总相知诸法**：总相，与别相为一对概念，表示全体与部分、一般与个别。总相指现象总体、现象的一般本质，别相指个别现象、特殊现象。菩萨得一切

智，把握了现象的总相，即把握了现象的空性本质，还必须用一切智观察每一别相，都能指出其虚妄总相来，才进到一切种智（佛智）。一切种智才尽知诸法总相、别相，尽知佛教修习的无量道门。

⑦**毕竟空**：《大智度论》卷三十一："以有为空、无为空，破诸法令无有遗余，是名毕竟空。"即大至三世十方，小至微尘一念，从世俗的因果报应，到佛所得真如实际，一切皆空。

⑧《摩诃般若波罗蜜经·序品》："佛告舍利弗，菩萨摩诃萨以不住法住般若波罗蜜中，以无所舍法，应具足檀那波罗蜜，施者受者及财物不可得故。"这就是说，布施的态度必须端正，要求不惜不悔，不望报，不自高，还要不念谁是施者，谁是受者，所施何物，才算具足檀那波罗蜜。

译文

慧远问道：无漏圣法，本来不是专门适合于声闻、辟支佛二乘修行之法，一切佛菩萨都是要按无漏圣法修行的。因为不是声闻、辟支佛二乘专修之法，所以大家在修行中有优有劣，自然分出等级来。如果合理地分别等级，菩萨是最高明的了，因为菩萨自有另外的修行之道，这就是大乘非有非无的中道。照这种又平又直的道路，当然很容易便可悟解到真理。问题在于：菩萨为什么要自讨苦吃，去修行无漏圣法，拐上九个十个弯，在六道中遭受三恶道的苦难呢？

又，声闻、辟支佛、菩萨三乘之学，就像兔、马、象三兽渡河的比喻那样，能够一下子便由深水过河，不需要先走浅水，先走了浅水再走深水，来回往复，对渡过深水没有用，又白费了往返之劳。如果菩萨必须先遍学二乘才能学菩萨道，岂不是如同大象先学兔马渡河，然后走深水吗？如果不需要如此，可见菩萨遍学二乘，也不见得有什么必要啊！

罗什回答道：菩萨为了成就一切智，对不善的、非善非恶的各种业，尚且应该学知，何况对于善业呢？对于外道的有益的神通，尚且应当学知，何况对于佛教的贤圣之道呢？比方人对于眼见的一切好丑之事，需要用则用，不需要用的话，知道也好啊！菩萨也是这样的，用慧眼见知一切法，对于直接有利于菩萨修行的大乘法，自然照此修行，对于声闻、辟支佛二乘之法，知道就行了。

有人说，佛说遍学，是为了引导二乘之人。如佛当初尚是菩萨时，虽知六年苦行并非成佛的办法，但为了度脱邪见众生，亲自苦行。成佛之后，才批评苦行，说明苦行不是正确的修道办法。听到佛说的人都能相信并接受，就是因为佛亲自实行过，证明了这不是正确的办法。若是菩萨只学大乘法，不学声闻、辟支佛二乘法，二乘之人会说，菩萨虽能从总体上知道成佛之法，对二乘之法却未见得能很好地理解。这样一来，把二乘之人引导入菩萨道就会很困难。

又，二乘之法其实也是菩萨道。何以见得呢？因为用声闻、辟支佛二乘之道，可以度脱那些贪着小乘的众生，引导他们很容易，这不就是普度众生的菩萨行吗？

又，有的人深知声闻、辟支佛二乘不是成佛之道，便离开这种错误之道而走上正确的大乘之道。菩萨就是明知二乘之修行方法不能成佛，才离开二乘之法而修大乘的。尽管菩萨学习过二乘之法，并没有丢失自己的功力，能够再由大乘之法成佛。小乘之人因是钝根，不能通晓大乘之法，很难走这种迂回曲折之路。大乘之人是利根，智力强，走这种迂回曲折之路并不为难。比方会浮水的人，到深水之中，也不难浮起。您所说的"九折三难"，都是为了取得毕竟空智慧所必须走的路，不算是自讨苦吃。当然，取得毕竟空智慧，并没有成佛，以后大乘能成佛，小乘不能成佛，这才有所不同。

诸菩萨从发心作佛以来所行的大乘法，与毕竟空智慧是和合的。拿檀（布施）波罗蜜来说吧，《般若波罗蜜·初品》说，行檀波罗蜜时，连布施者是谁、受施者是谁、所施是何物，都心中无念，毕竟是空。可见，大乘之法就是求取毕竟空智慧的，因而走迂回曲折之路，怎能说自讨苦吃呢？走起来又怎么会为难呢？所说三兽渡河的比喻，正是说明兔不能如象、马那样蹈深，马不能及象那样蹈深，但马须先经兔道再按自己的走法渡河，象须先经兔、马之道，才能按自己的走法渡过河去。菩萨也是这样的，先经声闻、辟支佛二乘之道，然后经菩萨之道成佛。

原典

又问：声闻、缘觉，凡有八辈①，大归同趣，向涅槃门。又，其中或有次第得证，或有超次受果②。利钝不同，则所入各异。菩萨云何而学般若耶？心利者，不可挫之为钝；钝者，不可锐之令利。菩萨利根，其本超此。而甫就下位之优劣，不亦难乎？若云能者为易，于理复何为然？其求之于心，未见其可。而经云遍学，必有深趣。③

答曰：学者善分别谛知其法。如有大德之人，往观杀生法，其弟子问之何故？答言，我未得道，靡所不更。或至此处，知其要脉，不令众生受诸苦恼。若以三解脱门，观涅槃法，知断如是结使，得如是涅槃，三结④尽得涅槃分，谓无为须陀洹果，乃至罗汉，得漏尽涅槃果⑤。

又，如人眼见坑堑，终不堕落，假令入其法者，于法不证，不受信行⑥、法行⑦之名。以诸菩萨利根故，超出二乘。于大菩萨，有所不及了。如师子虽处于百兽，为胜也。如国王行百里，应中道宿，见有大臣住处，王虽在中入出观者而无宿意，作是念言，此虽为妙，自知别有胜处。菩萨亦如是。

若入道慧⑧时，分别观知外道禅定五神通⑨法，及二十七种贤圣法⑩，所谓十八种学法、九种无学法，及辟支佛道⑪，分别观已，续行菩萨道，得二种利益：一者，自了了知其法，用度众生时，无所疑难；二者，所度众生知彼体行此法，则便信受。若不尔者，同在生死，彼我无异，便不信受。

注释

①**八辈**：即四双八辈，或称四双八人，包括四向四果。声闻乘中，根据修习程度，分为四大阶段，称为四果，即须陀洹果、斯陀含果、阿那含果、阿罗汉果。接近四果的，称为四向，即须陀洹向、斯陀含向、阿那含向、阿罗汉向。四向四果，共为八辈。见《阴持入经》。

②**次第得证、超次受果**：四果为修习的四大阶段，八辈则在每大阶段中又分两个小阶段，四果的四大阶段

变为八个小阶段。有的是按部就班地修习下去，有的则可以超越，如须陀洹果可以超越斯陀含向、斯陀含果而到阿那含向。

③指《摩诃般若波罗蜜经·遍学品》。

④**三结**：得须陀洹果之人所断之三结，指见结（我见）、疑结（对佛教的怀疑）、戒取结（行邪戒）。

⑤**漏尽涅槃果**：从须陀洹修行到阿罗汉果，已断除贪欲，断绝烦恼，不仅灭除了生死之因，也灭除了生死之果，证入涅槃，无垢清净，即无漏涅槃果。

⑥**信行**：信佛教而行，称为信行，钝根的人因信行成闻慧。

⑦**法行**：依佛法而行，称为法行，利根的人因法行而成思慧。

⑧**道慧**：有多种解释，这里可以理解为一切智。一切智是从认识状态说，道慧则是从引导众生的角度说的，指能分别知声闻、缘觉方便之道。

⑨**外道禅定五神通**：指外道在禅定中所得的神足通、天眼通、天耳通、他心智通、自识宿命通等五种神通。

⑩**二十七种贤圣法**：声闻乘四果中，须陀洹、斯陀含、阿那含称为有学，阿罗汉称为无学，学道圆满，不需再学修行的意思。《中阿含·福田经》说十八种学

法为：信行、法行、信解脱、见到、身证、家家、一种、向须陀洹、得须陀洹、向斯陀含、得斯陀含、向阿那含、得阿那含、中般涅槃、生般涅槃、行般涅槃、无行般涅槃、上流色究竟。九种无学法指：思法、升进法、不动法、退法、不退法、护法、（护则不退，不护则退）、实住法、慧解脱、俱解脱。十八种学法及九种无学法合称二十七种贤圣法。

⑪**辟支佛道：**有两种情况，一种是无师自通独立成佛，叫作独觉；一种是多世积善修行，最后一世虽是无佛之世，无师可从，而缘业成熟，自然成佛，叫作缘觉。无论那种情况，都无所师承，也不说法传道，所以，实际上没有留下什么辟支佛道。

译文

慧远问道：声闻、缘觉的修行，共有八个层次，方向是一致的，都归向涅槃。在修行者中，有的是一步一步地前进，有的是跳跃式地超越而受果，因为根器的利钝不同，因而成就的快慢有异。菩萨为什么能学般若呢？心利的，不能挫成钝的；心钝的，也不能磨成利的。菩萨是利根，从根本上就大大超过声闻、缘觉，所以能学般若。可是，让他们到下等的声闻、缘觉中去比较优劣，不也难为他们吗？如果说这是叫能者去做容易的事，有什么理由必须这样做呢？说实在的，我觉得这是不必要的。但是，《摩诃般若波罗蜜经·遍学品》要菩萨遍学，想来一定有其深意吧！

罗什回答道：学习经书的人，应该善于根据具体情况了解它的真实含义。比如，有一位道德高尚的人去看杀生，弟子问他为什么要看？他说：我还没有得道，应该了解一切。或说：到杀生之处，知道如何快速解决众生生命的方法，为的是能有办法不让众生受各种苦恼。同样的道理，菩萨用三解脱门观察涅槃之法，知道断除何种结使，得何种涅槃，断除疑结、我结、戒取结三结，逐步具有证入涅槃的条件，但是菩萨并不去证须陀洹果以至阿罗汉果，得漏尽涅槃。

又，比方人眼见坑壑，不会掉进去，菩萨进入小乘涅槃之法，也不会去求证，不会受什么信行、法行之名。因为菩萨有利根，超出于二乘，只是比起大菩萨来还差一些罢了。就像狮子，虽然与百兽共处，自然高于百兽。又如国王走了一百里之后，中途应该住宿了，他见到大臣们的住处，虽在其中出入观察，并没有在那里住下的意思，而是想到这里虽然不错，但另外还有更好的地方。菩萨也是这样的。

菩萨入于道慧时，分别了解外道的禅定五神通法、二十七种贤圣法，即所谓十八种学法、九种无学法，以及辟支佛道；分别了解之后，继续修行自己的菩萨道。了解这些有两种好处：一是知道这些修行之法，用来度脱众生，不会有什么疑难；二是所度众生知道菩萨亲自实行过这些方法，因而很容易信任和接受。不然的话，众生会想，都在生死中轮回流转，你和我没有什么不同，因而不会信任，更不会接受的。

原典

又问：若菩萨遍学，为从方便始，为顿入无漏道也？若从方便始，以何自验其心，知必不证，而入无漏也？若不先学方便以自验，则是失翼而堕空无相，酬可自反①。若先学沤和般若，心平若称，一举便可顿登龙门，大夫何为遍学乎？

答曰：是事，佛于般若已说。菩萨入三解脱门，要先立愿；学观如已，心则厌离，唯不取其证，我学观时，非是证时②。以如是之心，入无漏者，终不证也。

又人言，菩萨先以二因缘故，不取其证也：一者，深心贪乐阿耨多罗三藐三菩提③；二者，于众生中，大悲彻于骨髓，不欲独取涅槃。虽知一切法中涅槃无为，但以时未至故。是名菩萨，于众生中，大悲之至。所谓得涅槃味，而不取证也。

复有人言，菩萨无量劫来，修习福德利根故，入三解脱门时，即深入无漏法。以此势力，不能自反，譬如大鱼随顺恒河，入于大海，不能得反，以水力牵故。尔时，十方诸佛，现其身相语言：善男子，当念本愿，度一切众生，莫独入涅槃④。汝但得一法门，我等如是无量阿僧祇法门，怜愍众生故，犹住世间，何况于汝？时菩萨信受佛语故，不取果证。菩萨遍学，义如前说。是故，不得以乘平直往为难。

注释

①《摩诃般若波罗蜜经·不证品》："譬如有翼之鸟，飞腾虚空而不堕坠，虽在空中，亦不住空。须菩提，菩萨摩诃萨亦如是，学空解脱门、学无相无作解脱门，亦不作证，以不证故，不堕声闻、辟支佛地。"按照这一段的意思，"酬可自反"的"酬"字疑误，应为"不"或"难"。

②《大智度论》卷七十六："须菩提白佛言，世尊，若菩萨摩诃萨欲行般若波罗蜜，云何学空三昧，云何入空三昧，云何学无相无作三昧，云何入无相无作三昧，……须菩提白佛言，世尊，如佛所说，菩萨摩诃萨不应空法作证，世尊，云何菩萨住空法中而不作证？佛告须菩提，若菩萨摩诃萨具足观空，先作是愿，我今不应空法作证，我今学时，非是证时。"

③**阿耨多罗三藐三菩提**：梵文的音译，意译为无上正等正觉、无上正智、无上道，为佛智。

④《大智度论》卷十："菩萨亦如是，立七住中，得无生法忍，心行皆止，欲入涅槃。尔时，十方诸佛皆放光明照菩萨身，以右手摩其头语言：善男子，勿生此心，汝当念汝本愿，欲度众生。汝虽知空，众生不解，汝当集诸功德，教化众生，共入涅槃。汝未得金色身、三十二相、八十种随形好、无量光明、三十二业，汝今始得一无生法门，莫便大喜。是时，菩萨闻诸佛教诲，还生本心，行六波罗蜜，以度众生。"

译文

慧远又问道：若是菩萨遍学，是从学方便开始呢，还是马上学无漏道呢？如从学方便开始，那么，怎么能考验自己的心，知道自己的心一定不会去求证，不会进入无漏道呢？如不是先学方便以自我考验，马上学无漏道的话，就会像鸟失去翅膀，堕入无漏道的空解脱、无相解脱之中，自己没有力量再回得来。看来还是先学方便般若，内心像一杆秤一样，能够正确对待一切现象，那一下子便可以跳登龙门，由鱼变为龙，由菩萨变为佛，又何必遍学呢？

罗什回答道：这件事，佛在《般若经》中已经谈到，菩萨进入空、无相、无愿三解脱门时，要先立愿；修学完成，心便厌离，但不去取证，因为这是我修学的时候，不是求证的时候。有这样的心愿，即使进入无漏之道，也不会证入涅槃。

又，有人说，菩萨由于两种因缘而不会证涅槃：一是深心贪爱阿耨多罗三藐三菩提，为了求得这种至高无上的佛智，绝不会中途停顿去求证涅槃；二是对于众生有深入骨髓的大悲心，不愿独自证入涅槃。虽然知道一切法的最终归宿是涅槃无为，但证入涅槃的时候未到。对于众生有这种了不起的大悲之心，这才叫作菩萨，他懂得涅槃的好处，却不去取证。

又有人说，菩萨自无数劫以来，一直修习福德利根，所以，入三解脱门时，能即时深入无漏道。因为福德利根的势力很大，大到一进去就再也回不来，就像大鱼随恒河之水流入大海，不能返回，因为受到水力的牵制。这时，十方诸佛便会现身教诲：善男子，应该记住你的本愿，要度脱一切众生，不要独自入涅槃。你只得到一个法门，我们得到无量阿僧祇法门，由于怜悯众生，尚且住在世间，何况你呢？这时，菩萨便会信受佛语，不入涅槃。至于菩萨为什么要遍学？前面已经谈过。所以，因为菩萨之道平直，便认为菩萨不应遍学，那是不对的。

原典

又问：经云，四道与辟支佛智及灭智^①，皆是菩萨之忍。寻意，似是学彼灭智，以成此忍。彼学本自不同，法忍云何而成？若必待此而不证，即诸佛世尊，大会说法，其中应不俄尔之顷，顿至法忍者？推此而言，反复有疑。

答曰：经云，须陀洹乃至阿罗汉、辟支佛，若智若断，皆是菩萨无生法忍者，智名学人四智^②，无学人六智^③；断名学人有余断^④，无学人无余断^⑤。是皆以诸法实相为已用。但二乘钝故，须以六智，菩萨利故，唯用一智，所谓如实智^⑥。如钝斧伐树，数下乃断，若以利斧，一砍便断。是一树一断，但功用有异耳。诸贤圣如是，断诸结树，以小乘智慧钝故，分为分智。^⑦

凡夫所想颠倒，往来生死，受诸苦恼，说名为苦。以无漏智慧，深厌此苦，厌已即舍，苦无自性故。所以者何？是毕竟不生性。如是知已，结使自然不生。是名集灭道智。修此行已，增其尽智^⑧、无生智^⑨。菩萨利根故，知苦谛一相，所谓无相。但以凡夫颠倒之心，分别有苦有乐。

又，此苦因于爱等，亦是一相。因同果故，此中无所断，亦无所证。于其观中，善能通达。是故当知，声闻智慧钝故，先习此道，后乃得力。以菩萨深入故，观四谛为一谛，⑩如《思益经》⑪中，说四谛为一谛。

又，《般若波罗蜜》⑫中，说声闻所有智、所有断，皆在菩萨无生法忍中。声闻人以四谛入诸法实相，菩萨以一谛入诸法实相，声闻智慧钝故，多以厌怖为心，菩萨智慧利故，多以慈悲为心，同得诸法实相故。名为所有智、所有断，皆是菩萨无生法忍。如以苏作种种食，名虽有异，而苏是一也。

或有人言，众生或爱多，或见多。爱多者以无作解脱，能入涅槃。无作解脱者，所谓诸法无常、苦。见多者，以空解脱门，能入涅槃。空解脱门者，所谓空、无我⑬。若观无常、苦者，化之则易；若观空、无我者，所行之道，转深转微。

所谓诸菩萨，深爱乐佛法，亦未断结使，生诸戏论，分别常、无常，苦、非苦，空、非空，我、非我，有、无、非有非无，生、不生，非生、非不生等。灭此戏论故，佛为说无生法忍。如人服散除病，散复为患，复以下散，药为希有也。无生法忍亦如是，观诸法性故，得名为深；以除细微之病故，药名为妙。

复有人言，有人谓，菩萨不得声闻、辟支佛道功德之利？是故说，菩萨无生法忍中悉得其利。又此章中，不言学彼以成此用，先云遍观十地者，名之为学耳。又答云，以入灭定，先期心生，设复暂灭，时至自发。

注释

①**四道与辟支佛智及灭智**：下面慧远的问文中，有"声闻、辟支佛智及灭，则是菩萨忍"，可见这里"四道与辟支佛智及灭智"，应为"四道与辟支佛智及灭"。四道，即声闻四果。这里所提及的经文，参看本章最前注④。

②**学人四智**：即声闻中的须陀洹、斯陀含、阿那含悟到的苦、集、灭、道四谛。

③**无学人六智**：即声闻中的阿罗汉及辟支佛具有的六智，除上述苦智、集智、灭智、道智外再加上尽智及无生智。

④**断名学人有余断**：凡人有见惑及修惑，须陀洹得四智，已断除见惑。但修惑难断有许多层次，如把三界分为九地，每地又各分为九品，共有三界九地八十一品之多。斯陀含只断除初地九品中的前六品，阿那含能把初地九品彻底断除。所以，须陀洹、斯陀含、阿那含等学人之断是有余断，没有断尽。

⑤**无学人无余断**：阿罗汉及辟支佛则已断尽见惑及修惑，再无残余，称为无余断。

⑥**如实智**：如诸法实相之智、知诸法实相之智、佛智。《大智度论》八十四："如实智有何等相？答曰：有

人言能知诸法实相。……此中说如实智唯是诸佛所得。何以故？烦恼未尽者犹有无明，故不能知如实，二乘及大菩萨习未尽故，不能遍知一切法一切种，不名如实智。但诸佛于一切无明尽无遗余，故能如实智。"罗什在这里说菩萨有如实智，并没有把如实智作为佛专有之智。

⑦大智度论卷八十四："须菩提闻是已，问佛：智慧故有上中下分别，烦恼断复有差别不？佛言：无差别，断时有差别，断已无差别。譬如刀有利钝，断时有迟速，断已无差别。"

⑧**尽智**：即断尽烦恼之智，知苦、断集、证灭、修道之智。

⑨**无生智**：声闻果十智中的第十智，阿罗汉的最高智，已断三界烦恼，知自身再不受生于三界的阿罗汉果之智。

⑩大智度论卷八十六："声闻人以四谛得道，菩萨以一谛入道。佛说四谛皆是一谛，分别故有四，是四谛二乘智断皆在一谛中。"

⑪**《思益经》**：即《思益梵天所问经》。其中卷一《解诸法品》说："梵天，以是因缘故，当知圣谛非苦非集非灭非道。圣谛者，知苦无生，是名苦圣谛，知集无和合，是名集圣谛，于毕竟灭法中知无生无灭，是名灭

圣谛，于一切法平等，以不二法得道，是名道圣谛。"卷三《谈论品》："一切法空无我是为圣谛，若能如是求谛，是人不见苦，不断集，不证灭，不修道。"

⑫**《般若波罗蜜》**：指《摩诃般若波罗蜜经·遍学品》，参看本章最前注④。

⑬这里说的是三解脱门中的空解脱门及无作解脱门。《大智度论》卷二十："应度者有三种：爱多者、见多者、爱见等者。见多者为说空解脱门，见一切诸法从因缘生，无有自性，无有自性故空，空故诸见灭。爱多者为说无作解脱门，见一切法无常苦从因缘生，见已心厌离爱，即得入道。爱见等者为说无相解脱门，闻是男女等相无故断爱，一异等相无故断见。"

译文

慧远又问道：《摩诃般若经》说，声闻的须陀洹、斯陀含、阿那含、阿罗汉四道及辟支佛的智与灭，都是菩萨无生法忍。体味这话的意思，似乎是说，菩萨学了声闻及辟支佛的灭与智，才得成就无生法忍。但声闻、辟支佛之学本来不是菩萨之道，怎么能成就无生法忍？如果必须等到学习声闻、辟支佛之道后不去证入，才能成就无生法忍，那么，诸佛世尊大会说法，其中难道没有一下子顿悟而获得无生法忍的吗？反复推敲，总有疑问。

罗什回答道：经中所说，从须陀洹到阿罗汉、辟支佛的智与断，都是菩萨无生法忍。他们的智，叫作学人四智，无学人六智；断，叫作学人有余断，无学人无余断。他们的智与断，都是以悟解诸法实相为目的的。只是由于声闻、辟支佛的根钝，悟解实相需要六智，菩萨的根利，只用一智，便是如实智。就像钝斧砍树，使力好几下才能砍断，如用利斧，一砍就断了。都是砍断一株树，只是功力和作用不同罢了。各位贤圣也是这样的，他们都要砍断烦恼之树，由于小乘的智慧较钝，要分别用六种智才能砍断。下面简单谈谈这个道理。

凡夫所想的，都是颠倒之见。其实，生死往来，受尽各种苦恼，称之为苦。认识到人生为苦，叫作苦智。由这种无漏苦智，对人生苦恼深深厌恶，由厌恶即舍苦。为什么能舍去苦呢？因为苦没有自性的缘故。为什么苦没有自性呢？因为苦由因缘和合而引起，毕竟不生。有了这种认识，自然不会用苦来束缚自己，产生结使了。这叫集智、灭智、道智。修得这四智后，再修得尽智、无生智，才能悟得诸法实相。菩萨不同，因为根利，知道所谓苦谛一相，其实无相，性本空寂。只是凡夫之心颠倒，才分别有苦有乐。

又，人生之苦是由爱等产生的，爱欲也是一相。苦为果，爱为因，因与果同，苦既是空，爱当然也是空。菩萨对于其他三谛的认识也是这样。这种认识，既无所谓断，也不去取证，通过这种认识，善能了解任何一谛的实相。由此可见，声闻的智慧钝，需要一步一步地修得各种智后，才能收效。菩萨则因能深入，观四谛只有一谛，就像《思益经》所说，四谛其实只有一个空谛。

又，《般若波罗蜜经》中，说声闻的所有智、所有断，都在菩萨无生法忍中。这是因为，虽然声闻以四谛而悟诸法实相，菩萨只以一谛悟得诸法实相，声闻因智慧钝而多对人生厌恶和害怕，菩萨则因智慧利而多以慈悲为心，但同是悟得诸法实相。所以说，所有智、所有断，都是菩萨无生法忍。比如用酥做出种种食物，名字虽有许多，其实都是同样的一种酥。

有人说，有的众生爱多，有的见多。爱多的，由无作解脱门可以入于涅槃，所谓无作解脱，就是观诸法无常、苦。见多的，由空解脱门能入涅槃，所谓空解脱门，就是悟得空、无我。那些观无常、苦的，容易悟解；至于观空、无我的，所修习的内容会越来越深奥。

如有的菩萨，深深爱乐佛法，却还没有断除结使，于是产生各种戏论，分别常、无常，苦、非苦，空、非空，我、非我，有、无、非有非无，生、不生，非生、非不生等。为了灭除这些戏论，佛为菩萨演说无生法忍。就像人服药治病，药又为害，于是再下别的药，这种药便珍贵了。无生法忍也是如此，由于无生法忍能悟各种现象的法性，可以说是深理；由于它能除细微的病，可以说是妙药。

又有人说，有的讲，菩萨为什么不去获取声闻、辟支佛的功德利益？为解答这个问题，所以说，菩萨在无生法忍中把这些功德利益都已得到了。又，这一章中，没有说遍学声闻、辟支佛道是为了成就无生法忍，原先只是说菩萨在十地中都要观察，称为遍学。又，我在前面曾回答说，菩萨入灭定时，先生起不取涅槃之心，入定时此心暂时不生，一旦时候因缘到了，此心自然又发。

原典

问曰：若菩萨不证，必同此喻。以此则凡造遍学，不应有退转，岂非失位于龙门乎？若未经遍学，便云退转，此犹未涉险而顿驾，而本自不行，复何所论？

答曰：菩萨有二种，有退有不退。退亦有二种：一者，直行五波罗蜜，如舍利弗等，持头目施①，而生厌退；二者，无方便行般若波罗蜜，入三解脱门，观涅槃时，以深妙药故，即便取涅槃证。

取涅槃证有二种：一、行菩萨道，以无方便，入三解脱门，证于涅槃；二者，菩萨闻佛说，菩萨应学声闻、辟支佛道，度脱众生，虽是菩萨，而用声闻、辟支佛法，入三解脱门。是人无方便，慈悲心薄，深怖畏老病死苦，取涅槃证。如人若能乘马，不随马也，不善乘者，便随马力。诸菩萨亦如是，起无漏心，入解脱门，随顺无漏，不能自拔。如是退转菩萨，优劣不同。若久行菩萨道者，成就方便力，虽起无漏心，而不随之。以慈悲方便力故，不令堕落。如是者，则同灭定为喻也。

又退转者，虽有本愿，以福德智慧力用薄故，不能自出。如入贼陈②，皆愿欲出其身，力方便者，乃能得出，无力者，虽有其意，不能得出。又如说《法华经》毕竟空，设有退转，究竟皆当作佛。③佛说退者，意欲令菩萨当得直道，始终无退。如《般若波罗蜜·不退品》④中说，又，须菩提言：世尊，菩萨退为以何法退？色阴退也，受、想、行、识退也？佛言：不也。离五阴有退也？佛言：不也。须菩提言：若不尔者，云何有退？佛为须菩提，渐以明《法华经》义故。

注释

①见《大智度论》卷十二。有人向舍利弗乞眼，舍利弗只好给他一只眼睛。乞者拿着眼睛在舍利弗面前闻闻，嫌臭，把眼睛扔在地上，又用脚踏。舍利弗心想，

这种人太坏了，不可度脱，不如自己证入涅槃，早脱生死。如此想罢，马上从菩萨道退向小乘。

②如入贼陈：此"陈"字，疑为"阵"字之误写。

③《法华经·譬喻品》："尔时，佛告舍利弗，……舍利弗，我昔教汝志愿佛道，汝今悉忘，而便自谓已得灭度。我今还欲令汝忆念本愿所行道，故为诸声闻说是大乘经，……汝于未来世过无量无边不可思议劫，供养若干千万亿佛，奉持正法，具足菩萨所行之道，当得作佛。"这一段说明菩萨虽退转，当得作佛。但这一句之前"说《法华经》毕竟空"一句，与前后文义没有关联，疑"毕竟空"三字本为本段最后一句"渐以明"下漏文，最后一句中的"《法华经》义故"则为衍文。

④《般若波罗蜜·不退品》："须菩提白佛言：世尊，若一切法无行、无类、无相貌，菩萨于何等法转名不转？佛言：若菩萨摩诃萨色中转，受、想、行、识中转，是名菩萨不转。"意思是说，菩萨的退转或不退转，毕竟是空。

译文

慧远问道：如果菩萨不证涅槃，确实可以比喻为入于灭定。由此，凡是遍学，不管学什么，都不应该有退转。而不退转，可得到的功德都不要，岂不是登上龙门却失去龙位吗？如果没有经过遍学的便会退转，好比还没有遇险便停了车，这些人本来就没有打算前进，退转也是应该的，有什么好说的呢？

罗什回答道：菩萨有两种，有退的有不退的。退的也有两种：一种，只修行五波罗蜜，没有修般若波罗蜜，像舍利弗施眼，因布施的态度不正确而厌退；另一种，虽然修般若波罗蜜，但没有同时修方便（沤和），这种人一入三解脱门，观涅槃时，因为有深妙的无生法忍之力，马上便证入涅槃去了。

证入涅槃的人，也有两种：一种，行菩萨道（六波罗蜜），有慈悲心，由于没有方便力，一入三解脱门，便证入涅槃；另一种，菩萨闻知佛说，菩萨应学声闻、辟支佛道，以便度脱众生，而不是证入涅槃。有的菩萨虽懂这个道理，但没有方便力，慈悲心薄，深怕老、病、死、苦，于是用声闻、辟支佛之法，入三解脱门，便证入涅槃。就像人骑马，应该指挥马走，不是随马走，但不善骑马的，就随着马走了。这些菩萨也是这样，起无漏心，入解脱门，跟随无漏之道而入于涅槃，自己跳不出来。可见，在退转菩萨中，有优有劣。不过，这些退转菩萨都不能比喻入于灭定。修行菩萨道已久的菩萨，方便力已经成就，虽产生了无漏心，不会随着无漏之道去证涅槃，他们的慈悲方便力能使他们不至于堕落到小乘的声闻、辟支佛去。这种菩萨，才可以用灭定作比喻。

又，退转菩萨虽有普度众生的本愿，由于福德、智慧、力用都薄弱，不能凭自己的力量从小乘中跳出来，好像陷入敌阵之中的人，都愿意杀出敌阵，有方便力的能够出来，没有力的，虽有出阵之心，也出不来。又，关于退转问题，不能偏颇了。如《法华经》说，即使退转到阿罗汉、辟支佛，毕竟可以成佛。佛讲退转，意思只不过劝令菩萨走正道，保证始终不退罢了。还有，《般若波罗蜜·不退品》中说，须菩提问：世尊，菩萨退转退的是什么呢？是色阴退，还是受、想、行、识退？佛答：都不是。又问：那么，是五阴之外的退？佛答：也不是。须菩提问：若都不退，那为什么说有退？佛为须菩提说毕竟空的道理，退转是空，不退转也是空，又何必追究退或不退呢？

原典

问曰：声闻、辟支佛智及灭，则是菩萨忍。菩萨于智灭中不证时，为是无生灭观力也，为是度人心力也？若是无生灭观力，则遍学时，不得并虑，若不并虑，则无生灭之观，玄而不征。以其无征，菩萨便应随至取证。若是度人心力，时至则反。

凡为菩萨，以僧那[①]自誓，此心岂不必欲度人，而中退转者，何也？又云，《大智论》云，得忍菩萨，解诸法实相，廓然都无时，犹如梦中乘筏渡河，既觉无复度意。[②]若尔者，先期后有，何功用有？得忍大士，已起阴路，犹尚若兹，况未至者乎？君来喻虽美，吾喻是其族也！

答曰：无生观力劣，而玄有同，何以故？无生灭故。一切法，从本以来，不生不灭。以不灭法故，灭诸观行。菩萨如是智力，虽二道不应为证。何以故？证名第一真实，更无胜法。而菩萨以利智慧，深得法性，不应以法为证也。然虽心不并虑，因见小乘法卑陋故，深发本识，知非所乐。但为度小乘人故，观其法耳。譬如大鸟常在甚深清净之池，以小缘故，暂住浊水，事讫便去，不乐久也。此亦如是，随大力所牵，不为小力所制。

度人心力者，诸菩萨虽入无漏禅定，而能不舍慈悲之心。小乘则不然，以其力劣故，心在无漏，则不应复有心所念。又，菩萨以小乘法，观泥洹时，有乐小乘道者，因用其法，而度脱之，此则是度人心也。凡言善学小乘法者，皆是得无生忍菩萨。所以者何？以彼谤言，尚不得此法，何能以是度人也？是故，学不以有殊妙之事。故富楼那[③]，过去无量佛所，于弟子众中，第一法师，今佛弟子中，亦为第一。是故当知，是大菩萨，现行小法。

又，小菩萨未得甚深大乘之法，行五波罗蜜。若入小乘空法者，不知般若波罗蜜，无方便力，慈心弱，不能自拔，尔时随至而证。佛若教如是等菩萨遍学者，则生厌心，失菩萨道。如人有咒火之力，能入大火，若无咒力，则不堪任。

又人言，菩萨利根故，如涅槃寂灭相真实之法，虽有慈悲之力，不能自制。但以十方诸佛，现其妙身，而教化之。[④]譬如身大者，堕在深坑，一切绳用，不能令出，唯有大士，以金刚琐[⑤]，尔乃出之。菩萨亦如是，深见生死过患涅槃寂灭安稳之处，唯有诸佛，乃能令出，更无余人也。

注释

①**僧那**：梵语摩诃僧那僧涅陀的略称，《摩诃般若波罗蜜经》中意译为大誓庄严，后来通称为四弘誓愿，即一菩萨初发心时共有的本愿，内容：众生无边誓愿度、烦恼无尽誓愿断、法门无量誓愿学、佛道无上誓愿成。

②见《大智度论》卷十："如七住菩萨观诸法空无所有，不生不灭。如是观已，于一切世界中，心不着，

欲放舍六波罗蜜入涅槃。譬如人梦中作筏，渡大河水，手足疲劳生患厌想，在中流中梦觉已，自念言，何许有河而可渡者？是时勤心都放。菩萨亦如是，立七住中，得无生法忍，心行皆止，欲入涅槃。"

③**富楼那**：佛的十大弟子之一，号称说法第一。《法华经·五百弟子授记品》："富楼那亦于七佛说法人中而得第一，今于我所说法人中亦为第一，于贤劫中当来诸佛说法人中亦复第一，……内秘菩萨行，外现是声闻。"

④《摩诃般若波罗蜜经·往生品》："舍利弗，有菩萨摩诃萨，行六波罗蜜时变身如佛，遍至十方。"

⑤**金刚琐**：琐，缕玉为连环叫琐，后来用金属代玉，仍称琐，或锁。金刚琐，一种兵器。

译文

慧远问道：声闻、辟支佛的智及灭，都是菩萨无生法忍。那么，在声闻、辟支佛的智及灭中时，菩萨不去取涅槃证，是由于"无生灭观"之力呢，还是由于普度众生的心愿力呢？若是由"无生灭观"之力而不去取证，当遍学声闻、辟支佛道之时，心里考虑的是声闻、辟支佛之道，不可能同时考虑"无生灭观"。既然不能同时考虑，当时的"无生灭观"就一定微弱到没有什么作用。既然没有什么作用，菩萨就会随声闻、辟支佛之道而取证涅槃去了。若是由于普度众生的心愿力而不去取证涅槃，到时候才能由声闻、辟支佛道中回到菩萨道中来。

凡为菩萨，都立有四弘誓愿，既有誓度众生之心，却又中途退转到自证涅槃，那是为什么呢？再者，《大智度论》说，得无生法忍菩萨，悟解诸法实相，心里空空，一无所有之时，好像梦中乘竹筏渡河，醒后不再有渡河的意愿。也就是说，不再有成佛的意愿。若真如此，预先曾定下成佛的目标，又有什么办法能实现呢？得无生法忍菩萨，已超越五蕴肉身，得清净法身，尚且如此，何况还没有达到无生法忍菩萨水平的人呢？您关于灭定的比喻虽然很妙，我举出的这个乘筏渡河的比喻也是这一类啊！

罗什回答道："无生观"虽然也微妙，但力量差，为什么呢？无生灭的缘故。一切现象，本来便是不生不灭的。由于一切现象本来不生不灭，性本空寂，一切观一切行也都不必要而可以取消了，取不取涅槃证也不必要而无须考虑了，所以，"无生观"不会有多大的力量帮助菩萨脱离涅槃。不过，菩萨具有一切智之力，虽然进入声闻、辟支佛道，不会取涅槃证。为什么呢？因为证入涅槃名为第一真实，要得解脱，再没有比证入涅槃更彻底的方法了。只是菩萨以高明的智慧深得法性，懂得涅槃即法性，不会以这种空法去证入灰身灭智的涅槃。在遍学声闻、辟支佛道之时，虽然心里没有同时考虑"无生观"，由于见到小乘法的卑陋，从内心本有的觉悟便知道小乘法不是自己所爱乐之法。只是为了度脱小乘之人，才来学习小乘之法。就像大鸟常在很深的清净池边栖息，由于某种小因缘暂住在浊水之旁，事情一结束就走了，因为不乐于在这里久住。菩萨也是这样的，跟着大力的牵制走，不会被小力所控制的。

再谈度人的心愿力问题。诸菩萨虽然入于小乘的无漏禅定，而能不舍慈悲之心。小乘便不是这样，他们的力量差，心在无漏，就不能再有别的念头。又，菩萨在用小乘之法观涅槃时，看到有的人爱乐小乘之法，便用小乘之法来度脱他们，这就是度人之心了。凡是谈到善学小乘法的人，其实指的都是得无生法忍的菩萨。为什么呢？因为有人诽谤说，菩萨自己尚且不得小乘法，怎么能用小乘法度人？由于这个缘故，菩萨学小乘法，不肯表现出超过小乘法的样子，只是表现出善于学小乘法。如富楼那，在过去无量佛所，于众弟子中为说法第一，在今佛弟子中也是说法第一，实际上他是大菩萨，但以小乘面目出现，说的是小乘法。由此可见，善学小乘法的，本是大菩萨。

又，菩萨之中证悟浅的，没有悟得很深的大乘之法，只行五波罗蜜，未行般若波罗蜜。这种人若入小乘的空法（无漏法），不知般若波罗蜜，又没有方便力，慈悲心弱，便不能自拔，会随着无漏道证入涅槃。佛如果教这种菩萨去遍学，他们会由无漏道而对一切法产生厌恶，丢失菩萨道而证入涅槃了。就像有人有咒火之力才能入大火，若没有咒力，就不能入大火一样。

有人说，因为菩萨是利根，知道涅槃寂灭相真实之法，所以，虽有慈悲之心力，也不能控制自己，以致很可能证入涅槃。这不要紧，会有十方诸佛现出妙身教化他们。比如身材高的大个子，堕入深坑，什么绳子也不能帮他出来，但菩萨有金刚琐可以救出。菩萨也是这样，深见生死之苦，及涅槃寂静之安稳，如同堕入深坑，只有诸佛能帮助他出来，再没有别人有这种能力了。

原典

又问：遍学以何为始终？从发意至得忍，其中住住，皆是遍学不？若初住遍学，于二乘智灭中，已得无生法忍，则不应复住住遍学；若果不住住遍学，则其中无复诸住阶差之名。若初住不得忍，即住住皆应遍学。若住住遍学，则始学时，漏结不尽。如其不尽，则虽学无功。想诸菩萨，必不徒劳而已！

又问：《十住除垢经》说，菩萨初住中遍学，虽入圣谛，不令法灭，亦不令起①。此语似与《大智论》异，亦是来答所不同。是乃方等之契经，于理有所共信。若不会通其趣，则遍学之说，非常智所了知者。则有其人？

答曰：此义前章已明要。大菩萨现作声闻，为度小乘人故，学小乘法，如富楼那等。或有人言，有三种慧：闻慧、思慧、修慧②。未得无生法忍菩萨，以闻、思慧学二乘法。何以故？是人福德智慧，未深厚故。若用修慧，则便作证。是故，唯无生法忍菩萨，三慧遍学诸道。

又，新发意菩萨③慧，诵读思惟大乘经法，虽学，亦不为成无生法忍也。而得忍菩萨，同体实相之利，但深浅有异。是故观智而已。此因缘先已说。又《十住断结》说，未见此经，不得妄以相答。

注释

①姚秦竺佛念所译《最胜问菩萨十住除垢断结经·道引品》："亦无色痛想行识之屋室，亦不眼色、耳声、鼻香、舌味、身细滑之处所，何以故不可目视而见众想，解不起不灭之法无终无始，是谓菩萨于初地中而

净其迹。"

②见《成实论》卷二，说三慧：一、闻慧，依见闻经教而产生的智慧；二、思慧，依思维道理而产生的智慧；三、修慧，依修禅定而产生的智慧。前两慧为散智，是发修慧之缘，修慧则为定智，有断惑证理之用。

③**新发意菩萨：**初发菩提心，愿求无上菩提之心，称为发心，或称发意。初发心入佛道的菩萨称新发意菩萨，相当于十地中的初地。

译文

慧远问道：遍学从哪里开始，又在哪里结束呢？菩萨从发意到得无生法忍，即由初地到七地，是否每地都要遍学呢？如果初地即遍学二乘，在二乘的智及灭中已得无生法忍，就不应该每地都再去遍学；如果不是每一地都遍学，那就在地与地之间没有什么差别，不需要分若干地。若是初地没有得无生法忍，那才需要每地都遍学，但若每地都要遍学，就说明开始遍学时，漏结不尽。漏结不尽，学无漏法就没有学成。估计诸菩萨不至于学无漏法徒劳无功吧！

又问：《十住除垢经》说，菩萨在初地中遍学，虽然已悟入四圣谛，又不令法（现象）灭，也不令法起。这话似乎与《大智度论》所说不同，也与您的答复不同。都是大乘的经典，按理都该相信。只是互相矛盾，不好取舍，如果这种矛盾不能统一会通，那遍学之说，便不是普通智慧者所能了解的。有这种能了解的人吗？

罗什回答道：这个道理前章已经说明。大菩萨现在作声闻，为的是要度脱小乘之人，而学小乘之法，如富楼那等。有人说，有三种慧：闻慧、思慧、修慧。没有得无生法忍的菩萨，用闻慧、思慧学声闻、辟支佛二乘之道。为什么呢？因为这种菩萨的福德智慧还不够深厚，若用修慧，便会证入涅槃。只有无生法忍菩萨，才能用三慧遍学声闻、辟支佛诸道。

又，新发意菩萨之智慧，还在诵读思维大乘经典，虽然遍学二乘，也不算已成无生法忍。而得无生法忍菩萨，都有利根，都能体悟到实相，只不过各地菩萨之间有深浅的不同罢了。所以，从发意菩萨到无生法忍，地地遍学，无非是修习观察的智慧罢了。这种因缘前面已经谈过。至于《十住断结经》所说，我没有见到这部经，不能随便回答。

原典

又问：证与取证，云何为证？菩萨为证而不取，为不证不取也？若证而不取，则证与取证宜异。若以尽为证，尽不先期而设至，云何为不取？若谓既证而不取，则须菩提不应云，是处不然①。若以尽为证，三结②尽时，则是须陀洹；下分尽时，则阿那含；二分③尽时，则是阿罗汉。若三处④皆尽而非三道⑤，则有同而异者矣。其异安在乎？若先同而后异，直是先小而后大耳；若先异而后同，直是先大而后小耳；若都不同不异，则与来答违。而取后会，此所望也。

答：经直云证。欲令易解故，说言永证。证与所证，无有异义。《般若波罗蜜》中，佛为须菩提解之⑥，菩萨欲入三解脱门，先发愿，不作证，即今是学行时，非是证时。以本愿大悲念众生故，虽入三解脱门，而不作证。如王子虽未有职，见小职位，观知而已，终不贪乐，当知别有大职故。菩萨亦如是，虽入小乘法，未具足六波罗蜜十地菩萨事故，而不作证。

证名已具足放舍止息，所观第一，更无有胜，不复畏受三界苦恼，是名为证。譬如人有事相言，未得可信重人为证者，则生忧怖，种种方便，求自勉济。若得证已，心则安稳，不复多言也。诸贤圣如是，知世间可厌离，无所贪着，即见无生无灭、无作无相常法。

此法无为，不生不灭故，不可在心。不可在心故，不名为修，以无漏故，不名为断。但以为证耳。此理真实，第一可信。若于是法，贪欲修行，即是戏论，生法烦恼。是故，应证而不应修，如热金丸虽好，正可眼见，不可手捉⑦。如是证涅槃已，不复须厌离修道。

凡证，说有四种：一者，有人欲得诸法实相，修行其道，见涅槃相，即以为殊妙，发大欢喜，而生相着，因涅槃故，有所戏论。此人之心，自谓得微妙法，名为智慧中戏论烦恼也。二者，见涅槃法，厌离心薄通钝故，不能断一切烦恼，或为须陀洹，或为斯陀含，或为阿那含。名为学涅槃者，不名得证也。三者，厌情休息，智慧心则见涅槃已，不生爱着，不生戏论，舍诸烦恼，名阿罗汉、辟支佛。四者，发心阿耨多罗三藐三菩提，为度众生故，欲与众生第一之利，所谓涅槃利。生死中厌离心厚，世世修习种种法门，无量福德，利根第一。虽见涅槃，不生爱着，不生戏论，舍一切凡夫结使，知一切法同涅槃，无生无灭。但未具足菩萨之道，本愿未满，唯断凡夫结使，未断菩萨细微结使故，不名为证。

证名所作已办，不复更有所作。得证者，唯有三人，阿罗汉、辟支佛、佛。三学人⑧虽断结使，不患尽故，但假名为证，非实证也。如因得道人故，余学道者，通名道人。此中得无生菩萨，知诸法实相涅槃⑨，自利已足，三界苦断，为教化成就众生故，出于涅槃无为之法，还修有为福德，净佛国土，引导众生，是故不名为证也。

注释

①《摩诃般若波罗蜜经·不证品》:"须菩提白佛言:世尊,如佛所说,菩萨摩诃萨不应空法作证,世尊,云何菩萨住空法中而不作证?佛告须菩提:若菩萨摩诃萨具足观空,先作是愿,我今不应空法作证,我今学时,非是证时。"

②**三结**:指见结、疑结、戒取结。

③**二分**:三结加欲贪结、嗔结,称为五下分结,是欲界的烦恼。色界、无色界的烦恼称五上分结,指色爱结、无色爱结、掉结、慢结、无明结。五上分结、五下分结,便是这里说的"二分"。

④**三处**:指欲界、色界、无色界三界。

⑤**三道**:指这里提到的须陀洹、阿那含、阿罗汉。

⑥这里说的是《摩诃般若波罗蜜经·不证品》。佛为须菩提所做解释,参看注①。

⑦《大智度论》卷十:"诸圣人知有为法皆无常空故,舍入涅槃,是福亦舍。譬如烧金丸,虽眼见其好,不可以手触,烧人手故。"

⑧**三学人**:即学阿罗汉、学辟支佛、学佛的人,实际上即三乘人。

⑨《思益梵天所问经·解诸法品》:"诸法实相,即

是涅槃。"《大智度论》卷九十九："诸法实相即是佛。"这种以诸法实相为涅槃、为佛的观点，是罗什的基本观点。

译文

慧远又问道：证和取证，用什么来证明呢？菩萨是已证而不肯取证，还是既不证也不取呢？若证而不取，证与取证便是不一样的。若是说，以烦恼断尽为证，那么，当断尽之果出于预料成熟之时，为何不取？若说，就是要证而不取，不取却要证，那么，须菩提不应该提出"为什么不证"的问题。若以烦恼断尽为证，三结尽时，那是证须陀洹；五下分结尽时，证阿那含；五上分结、五下分结都尽时，便证阿罗汉。如果欲界、色界、无色界三处的烦恼都断尽，在这个过程中，却不证须陀洹、阿那含、阿罗汉三道，那就必定与三道有同有异。异在哪里呢？若先同而后异，便是先小乘后大乘了；若先异而后同，便是先大乘而后小乘了；若在这个过程中都不同不异，那又不符合您的回答精神。进一步得到您的回答，这是我的希望。

罗什回答道：经直接就说证，为了容易理解，说的永证。至于证和所证，则并没有不同的含义。《般若波罗蜜经》中，佛为须菩提解释说，菩萨打算入小乘的三解脱门，先要发愿不作证，现在是学习修行之时，不是证时。因为菩萨的本愿有大慈悲，悯念众生，虽然入三解脱门，不会去作证。就像王子虽然还没有职位，见到小职位，只是知道就算了，绝对不会贪乐，因为他知道另外有大职位在等着他。菩萨也是这样，入小乘之道，虽然自己还没有具足六波罗蜜和十地菩萨的功德，还不是十地菩萨，也不会去证小乘诸果的。

证涅槃的证，是已具足一切智，观诸法皆空，所观第一，再没有更高的了，不再害怕受到三界的苦恼，这叫证。比如，有人互相说定了的事，没有得到可以信任的人为证，心里就产生忧惧，会采取种种方法，以求事情能够办成。要是得到证人为证，心里便会安稳踏实，不再多说什么了。诸贤圣也是这样，知道世间一切都可厌离，无所贪着，便会见到诸法实相，本来无生无灭，无作无相。

这个实相本性空寂，无为无作，不生不灭，所以，不能放在心里，心里没有这个东西，没有什么可修的，就不叫作"修"。因为没有任何烦恼了，没有什么可断的，也不叫作"断"。得见实相的这种心理状态，既不叫"修"，也不叫"断"，只能称为"证"。这个空理是真理，第一可信。如果贪得这个空理而要修行，那是戏论。因此，这个空理是只能证不能修的。就像滚烫的黄金丸子，虽然珍贵，可以眼见，却不可以手抓一样。如此证得涅槃后，不再需要厌离世间去修道。

关于证，有四种：一、有人为悟得诸法实相，修行小乘，见到涅槃相，便以为妙，生大欢喜心，而生"相着"（对涅槃相的贪着）。由"相着"而产生种种戏论。这种人的心理，自以为获得微妙的真理了，实际上是一种烦恼，叫作智慧中戏论烦恼。二、见到涅槃法，对世间虽有厌离之心，却很薄弱，又是钝根，不能断一切烦恼，只能成为须陀洹，或成为斯陀含，或成为阿那含。这叫学涅槃者，不叫证。三、厌离世间之心已经休息停止了，智慧心活动起来，见涅槃法，不生爱着，不生戏论，舍一切烦恼，这种人叫阿罗汉、辟支佛。四、发心求阿耨多罗三藐三菩提（无上正等正觉），本愿度脱众生，给众生以最大的利益，即所谓涅槃利。对于生死的厌离心很厚重，世世修习种种法门，积累有无量功德，而且利根第一。这种人虽见涅槃法，不生爱着，不生戏论，舍离一切凡夫的结使，知道世间一切法和涅槃一样，无生无灭。只是还没有具足菩萨的全部条件，本愿还没有全实现，所断除的也只是凡夫的结使，还没有断除菩萨的细微结使，所以，也不能算证。

所谓证，指所作的都已办完，不须再有所作。因此，能够得证的，实际上只有三种人：阿罗汉、辟支佛和佛。学这三种道的，虽然已断除结使，还没有悟尽所有的真理，所以，只是假名叫证，不是真实的证。就像已得道的人叫道人，其余学道之人也叫道人，其实他们还不是真正得道之人一样。在菩萨之中，得无生法忍的菩萨悟得诸法实相即涅槃之理，自利已足，三界之苦已断，只是为了教化众生，不肯入涅槃，从涅槃无为之法出来，继续修世间的福德，净佛国土，引导众生，这也是不名为证的。

14　第十八章　次问住寿义并答

原典

远问曰：经云，知四神足^①，多修习行，可得住寿一劫有余^②。又，须菩提请世尊住寿恒沙劫。既有此法，即宜行之有人。请问：诸佛菩萨，竟有住寿者不？若果有者，为是法身，为是变化身乎？若是法身，法身则有无穷之寿，非凡寿所及，不须住寿。若是变化身，化身则灭时而应，时长则不宜短，时短则不宜长，以此住寿，将何为哉？

又问：寿有自然之定限，寿之者与化而往，自应无陈，时不可留，云何为住？若三相^③可得中停，则有为之相，暂与涅槃同像。不知胡音中竟住寿不？若以益算为住寿，则传译失旨。

又，得灭尽三昧者，入斯定时，经劫不变，大火不能焚，大海不能溺，此即是三昧力，自在寿住。今所疑者，不知命根，为何所寄？为寄之于心，为寄之于形，为心形两寄也？若寄之于心，则心相已灭，灭无所寄。若寄之于形，则形随化往，时不可留。何以明之？《力士移山经》云，非常之变，非十力所制④。制非十力，则神足可知也。此问已备之于前章。若一理推释，二亦俱解。

什答：若言住寿一劫有余者，无有此说，传之者妄。如《长阿含·大泥洹经》，阿难白佛，乘现证，从世尊闻，若善修习四如意，是人若欲寿一劫，若减一劫，则成耶⑤？《摩诃衍经》⑥曰：若欲寿恒河沙劫者，此是假言，竟不说人名。用此法者，如宾头卢颇罗堕阿罗汉⑦，善修习如意故，寿命至今不尽。因现神足力，取栴檀钵故，佛以此治之。唯闻此一人，行其法用，余者未闻。

又，诸阿罗汉，观身如病如痈，如恶怨贼。如退法罗汉⑧，多有自害。况当故欲久寿也？以体无我心故，深拔贪着根本故，以涅槃寂灭安稳之利，以不乐久住。虽住先世因缘，身尽则止。

又，法身、变化身，经无定辨其异相处，此义先已说。声闻人中说，变化之身，无心、意、识、寒热等慧，性是无记，正可眼见，为事故现，事证则灭。如是之身，无有根本，则无久寿之为义。法身二种：一者，三十七品等诸贤圣法；二者，三藏经等。此皆非身非命，亦不得有久寿之为义。当是先世行业所得之身，为大因缘故，欲久住者，便得随意。摩诃衍中法身相，先已具说其因缘。

今者略说，菩萨法身有二种：一者，十住菩萨得首楞严三昧⑨，令菩萨结使微薄，是人神力自在，与佛相似，名为法身。于十方现化度人之身，名为变化身。随见变化身者，推求根本者，以为法身。是故凡小者，名为变化身，如此之人，神力无碍，何须善修四如意足也？二者，得无生忍已，舍结果身，得菩萨清净业行之身。而此身自于分忆，能为自在，于其分外，不能自在无碍。是菩萨若欲善修习如意，亦可有恒沙劫寿耳。如人有力，不假大用，若无力者，乃有所假，初入法身菩萨亦如是。神通之力，未成就故。若修如意者，便得随意所作。

又，修《如意章》中言，若人欲劫寿者，便得如意，不言住寿也。如阿毗昙中说，有阿罗汉，以施得大福德愿力，转求增寿，便得如愿。所以者何？是人于诸禅定，得自在力，愿智、无诤三昧、顶禅等⑩，皆悉通达，以先世因缘寿将尽，为利益众生故，余福因缘，转求长寿，便得如愿。如檀越欲施比丘多种食之物，而是比丘有游行因缘，不须此物，善喻檀越言：汝以好心见施，可令此食为衣物。而得如愿。

又，善修如意者，亦如是，虽不先世福德求寿，以得无漏法故，专修有漏甚深善根，修有漏甚深善根力故，便得增寿果报。无漏虽无果报，能令有漏清净，小而获大果，又，灭尽三昧力因缘故，令余行增寿。若入灭尽三昧时，过于生理，身则毁坏，无复身因，起定即无。若入余定，则无此事。

如一比丘欲入灭尽三昧，作起心因缘，愿打挞椎⑪时，当从定起。有贼来破坏僧坊，十二年中，无楗槌音，此比丘犹在定中。后檀越还修立僧坊，打楗槌，比丘便觉时，即死也⑫。

注释

①**四神足**：四神足的神，指神通；足的意思是基础，如人身依足而立，指的是禅定。四神足即四种可以获得神通变化能力的禅定。四神足也称四如意足，意思是定、慧均等，所愿都得满足。在本章中所说的"四如意""如意"，都是四如意足的简称。四神足为：欲如意足，由希求达到神通之欲力引发的禅定；精进如意足，由努力止恶进善的勤力发起的禅定；心如意足，由心念

之力发起的禅定；思维如意足，由思维佛理的慧力发起的禅定，这四者简称为"欲""勤""心""观"。见《大智度论》卷十九。

②《长阿含经·游行经》："佛告阿难，诸有修四神足多修习行，常念不忘，在意所欲，可得不死一劫有余。"

③三相：一解脱相，指无生死之相；二离相，无涅槃之相；三灭相，生死、涅槃无相，这个无相也无相，即非有非无之中道。三相也称三有为相。《法华经·药草喻品》："如来说法，一相一味，所谓解脱相、离相、灭相。"

④**非常之变，非十力所制**：十力，见本书第二章《次重问法身并答》注⑳。竺法护所译《佛说力士移山经》："诸力士白世尊曰：大圣已现乳哺神足智慧意行及十种力，宁有殊异复超诸力乎？世尊告曰：一切诸力虽为强盛，百倍千倍万倍亿倍，无常之力计为最胜，多所消伏。所以者何？如来身者，金刚之数，无常胜我，当归坏败。吾今夜半，当于力士所生之地而取灭度。"意思是说，任何力量也不如变化无常之力。

⑤在《长阿含经》中，有《游行经》，为姚秦佛陀耶舍所译，西晋帛法祖译《佛般泥洹经》、东晋法显译《大般涅槃经》、东晋失译《方等泥洹经》都是它的同本异译。《大般涅槃经》卷上："阿难，四神足人尚能住寿

满于一劫、若减一劫，如来今者有大神力，岂当不能住寿一劫若灭一劫。"劫为梵语劫波的略称，意译为长时，究竟多长，说法不一。有的说，人的寿命有增有减，自十岁开始，每百年增一岁，增至八万四千岁为一增。自八万四千岁开始，每一百年减一岁，减至十岁为一减。每一增一减各为一小劫。这里说的"住寿一劫若减一劫"的意思是说，住寿一劫，这一劫是指一减之小劫。

⑥《摩诃衍经》：又称《摩诃乘经》，共十四卷，今已散佚，见《佛书解说》第十册、页二四八。

⑦宾头卢颇罗堕阿罗汉：即十六罗汉中的第一位宾头卢尊者，名宾头卢，姓颇罗堕。树提伽长者造了一只栴檀钵，用囊装起，挂在高高的象牙上，声称有人不用梯杖能取下来，便以钵给他。宾头卢妄弄神通取下，佛知道后呵责，命他往西牛货洲教化众生。阎浮提僧众请佛放回宾头卢，佛同意把他放回，但不让他入涅槃，永远住世度化众生。见《十诵律》卷三十七。

⑧退法罗汉：有六种罗汉：一、退法罗汉，二、思法罗汉，三、护法罗汉，四、安住法罗汉，五、堪达法罗汉，六、不动罗汉。退法罗汉是最钝根罗汉，一旦证阿罗汉果，逢遇恶缘，便退没所得。见《俱舍论》卷二十五。

⑨首楞严三昧：首楞严，梵文的音译，意译为健

相、一切事竟。首楞严三昧，是成佛才能得的三昧。《大智度论》卷四十七："首楞严三昧者，秦言健相，分别知诸三昧行相多少浅深，如大将知诸兵力多少。复次，菩萨得此三昧，诸烦恼魔及魔人无能坏者，譬如转轮圣王，主兵宝将所住至处，无能坏伏。"

⑩**愿智、无诤三昧、顶禅等**：都出于《大智度论》。此论卷十七说："复次，诸禅中有顶禅，……不坏法阿罗汉，于一切深禅定得自在，能起顶禅。得是顶禅，能转寿为富，转富为寿。复有愿智、四辩、无诤三昧。愿智者，愿欲知三世事，随所愿则知。……无诤三昧者，令他心不起诤（使别人不起诤辩心，凡你说的他都心服）。"这就是说，富与寿的转化、愿智、无诤三昧等，都是由顶禅获得的神通。

⑪**挞椎**：亦称楗槌，所以文中通用，这是僧人用的一种法器。

⑫关于灭尽定和死的区别，《中阿含·法乐比丘尼经》："复问曰：'贤圣，若死及入灭尽定者有何差别？'法乐比丘尼答曰：'死者寿命灭讫，温暖已去，诸根败坏。比丘入灭尽定者寿不灭讫，暖亦不去，诸根不败坏。若死及入灭尽定者，是谓差别。'"

译文

慧远问道：经说，知道四神足，按此多修行，可以得到住寿一劫有余。又，须菩提请佛住寿恒沙劫。既然有住寿之法，应该有修行之人。请问：诸佛菩萨，有住寿的吗？若真有，是法身呢，还是变化身呢？若是法身，法身本就有无穷之寿，不是凡俗之寿所能赶得上的，不须住寿。若是变化身，变化身是感应而生的，寿命的长短完全根据感应的需要，需要时间长则不会短，需要时间短则不会长，抽象地有一个固定的住寿，起何作用呢？

又问：寿命有自然的局限，佛菩萨根据需要而现变化之身，自然没有陈旧的规矩，过了时间就不会再留下，为什么又要留下住？若在证悟解脱相、离相、灭相三相的过程中，可以停下来的话，这时的有为相是暂时与涅槃同像。"暂时"不算住寿，即使是真涅槃也不是住寿呀！不知道梵语中有没有"住寿"这个词，如以增加寿命为住寿，那么，翻译为"住寿"就不合原意了。

又，得灭尽三昧的人，入定之时，经过再长的时间也不会变，大火不能烧，大水不能淹，这便是三昧力的作用，可以自在地住世。如果这就是住寿，我不理解：寿命寿命，寿为命根之寿，这个命根寄寓在哪里呢？是寄寓在心、寄寓在形体，还是寄寓在心又在形体？若寄寓在心，入定时心相已灭，灭了当然不能寄寓。若寄寓在形体，形体也随之而化，留不下来的。何以见得留不下来呢？《力士移山经》说，非常之变，不是十力所能控制。这就是说，一切都是留不住的，都是变化无常的，这一点，连佛的十力尚且不能改变，可知四神足更不能改变。所以，寄寓在形体也是空话。这个命根所寄的问题，我在前面曾经提过，与这里提的问题其实是一个道理。道理讲清，两个问题就都解决了。

罗什回答道：您引述的"住寿一劫有余"，没有这个说法，是传说的人错了。如《长阿含·大泥洹经》中，阿难对佛说，乘现有的功德，从佛处听说，如善修四神足，此人若欲寿一劫，如一减劫那样，似乎便可以住寿一劫。但是，果真能办到吗？《摩诃衍经》也说过"若欲寿恒沙劫者"的话，那是假设的话，连人名都没有说。只有宾头卢罗汉，善于修习四神足，寿命至今不尽。因为他表现四神足之力，取下栴檀钵，佛用这个办法惩罚他。只听到这么一个人是由于四神足的作用而长寿的，没有听说还有别的人。

又，诸罗汉非常厌恶自己的身体，观自己的身体如病如痈，如同恶怨贼，多有退法罗汉自杀的。他们怎么会追求长寿呢？阿罗汉的心悟得无我之理，要从根本上拔除贪着的根本，追求涅槃寂灭安稳的好处，所以不愿久住于世。虽然上世因缘造成了今世的果报，有了这个身体，无可奈何，但这个身体一结束，便再也不肯在生死中轮回了。

又，所谓法身、变化身，佛经中并没有明确地分辨它们有何不同，这个道理前面已说过。若按声闻之说，变化身没有心、意、识、寒热等智慧，性质为中性的无记，人们可以见到，为办事而显现，事证即灭。像这样的变化身，没有根本，当然不存在什么久寿的意义。至于法身，有两种：一种，是指三十七种诸贤圣法；第二种，是三藏经等。这样的法身，实际上非身非命，也不存在什么久寿的意义。只有先世造业所获得的肉身，由于有大因缘，若是打算久住世间，可以随意办到。至于大乘经中所讲的法身相，在前面章节中早已具体说明了。

现在简单谈谈。菩萨的法身有两种：一种是十地菩萨，得首楞严三昧，使菩萨的结使微薄，这种菩萨神力自在，与佛相似，称为法身；而在十方现身度化众生之身，称为变化身。见到变化身的，推求变化身的根本，把这个根本作为法身。所以，凡是法身缩小到能为人见之身，称为变化身。这样的菩萨，神力无碍，哪里需要善修四如意足呢？法身的另一种是得无生法忍菩萨，舍去先世业因所造成的果报身，即此世的生死肉身，得菩萨清净业行所造成之身。这种法身在忆想分别之内能够神通自在，若在忆想分别以外，就不能自在无碍。这种菩萨如欲修习四如意足，也可以有恒沙劫寿。比方有力之人，不必依靠有大作用的东西，无力之人，才需要有所依靠。初入法身菩萨的也是这样的，因为还没有成就神通力。若是修四如意足，便可以随意作为。

又，修《如意章》中说，若人要劫寿的，能够如意。但也没有说是"住寿"。如阿毗昙中说，有阿罗汉，由于布施得到大福德愿力，要把这种福德转求增加寿命，便得如愿。为什么呢？这种人在各种禅定之中，得自在力，愿智、无诤三昧、顶禅等，都能通达，由先世因缘所得的寿命将尽时，为了利益众生，把积累的其余福德用来转求长寿，便得如愿。比如施主打算施给比丘多种食物，这位比丘有游行的因缘，不需要食物，便巧妙地说服施主：您这么好心施舍，若能把食物换成衣物最好。便得如愿。

又，善修四神足的，也是这样，虽然不用先世积累的福德转求长寿，却因得无漏法，专修有漏法的甚深善根，而由于修行有漏法甚深善根之力，就能得到增寿的果报。无漏法虽然没有果报，却能令有漏清净，花费力气小而所获的果报大，另外，由于灭尽三昧力的因缘，也能使原来的善业能得增寿之果。不过，若入灭尽三昧时，寿限已过，肉身已毁坏，没有肉体作为身因，一起定，生命就没有了。若是入别的禅定，不会有这种结果。

　　曾经有一位比丘，打算入灭尽三昧，安排了起心的因缘，当寺内打楗槌时，能从三昧中觉起。不料，入定之后，有贼来破坏僧寺，十二年中，就没有打楗槌之声。这位比丘也就一直在定中。后来，施主们修复了僧寺，一打楗槌，这位比丘即便觉起，也就死了。因为十二年不吃不喝，身因已坏了。

源流

鸠摩罗什的思想，直接继承他所翻译的《中论》、《百论》、《十二门论》以及《大智度论》等。这些都是印度龙树（约公元一五〇—二五〇年）所创立的中观学派的基本论著。

　　龙树中观学派的根本思想是中道观，或称中观。龙树说：

　　"众因缘生法，我说即是无（空），亦为是假名，亦是中道义。"（《中论·观四谛品》）

　　这是鸠摩罗什的译文。因为这首偈有三个"是"字，中国三论宗称为"三是偈"。因为这首偈论述了空、假、中三谛，中国天台宗称为"三谛偈"。龙树认为，诸法（一切现象）都是因缘和合而生，所以说是空。这个空是性空、当体空，不是没有，不是零，而是没有自性，即没有独立的实在的质的规定性。虽然是空，并非实有，但总还是有，这是因缘而有，称为假有，即假设有。给这个假有一个名称，称为假名。

一般人认为一切事物是存在的，其实只是假名而已。因为是空，才是假有；因为是假有，才是空。空与假有是不可分割的一个问题的两面，所以，既要看到现象的性空，又要看到现象的假有，既不要执着于有（实有），也不要执着于空（虚无的空），这叫中道。龙树认为，中道观是对空观的进一步发展，把握了中道观，便全面而正确地把握了诸法实相，既认识到了实相性空的最高真理，又证得涅槃，达到了最后解脱的目标。

鸠摩罗什是中观学派承上启下的人物。他在本书中所发挥的中道观以及他的译著，对中国佛教有极大的影响，使中道观成为中国佛教哲学中占领导地位的思潮。他在本书中，把佛典中有关大小乘的对立的论述，概括起来说：

"有二种论，一者大乘论，说二种空：众生空、法空；二者小乘论，说众生空。"

（《问实法有并答》）

这个论述，简要地抓住了大小乘最根本的理论分歧，是鸠摩罗什的独特贡献。在本书中，鸠摩罗什还特别强调菩萨的大悲彻于骨髓，为普度众生而不肯入涅槃，从而在道德论上把大乘与小乘区别开来。以后中国佛教的各主要宗派，都以普度众生和"一切法空"作为自己的旗帜，构建自己的教义。关于普度众生的问题，是各宗派共有的宗旨，不必多说。关于法空问题，则影响各有不同。如三论宗直接继承和发挥了龙树、鸠摩罗什和僧肇的中观学说，天台宗在三谛偈的基础上建立了"圆融三谛"的理论，净土宗的开创者昙鸾运用中道观创"广略相入"之说以解释实相念佛，而慧能创立的禅宗，更主张"无心顿悟，自然无为"，虽然存在着庄子"无为"的影响，但作为佛教的一派，直接继承的是"一切法空"的中道观。

慧远所接受的思想影响则比较庞杂。他受中观学派的影响，学习过毗昙学，又接受佛驮跋陀罗禅法，还信仰西方弥陀净土。他在儒学上造诣很深，研究道家老、庄也颇有心得。不过，主要是继承了道安的学说。道安属于般若学的本无宗，主张万物的本性就是"空""无"，所谓"以无为本"，而"无"即般若学的"空"。他把"无"当作实在的本体，当作真实的法身、如、真际，主张崇本息末，执寂御有，宅心"本无"，使人心契合本体。

慧远比道安前进一步。他晚年所作的《大智论抄序》是他的思想的总结，其中谈到，"未有"而"生"名为"有"，"既有"而"灭"名为"无"，"有无"是相对于"生灭"而言的，由此可见，"有""无"都不是本原，本原是超乎"有无"的"非有非无"。"非有非无"虽然也讲"非无"，但强调的是"非有"，即空性、无性。这个空性的"非有非无"就是法性，乃是世间万物的根源和归宿。这个"非有非无"，尽管超出了道安的"本无"，却仍然指的是独立存在的精神性实体。慧远和道安一样，要求体认法性这个本体，以达到涅槃境界。

涅槃的本来含义，指的是断绝烦恼的寂灭境界，慧远却明确地把涅槃解释为"神界"。所谓"神"，是"精极""灵""妙物"，既没有确定的形体，也没有不变的名称，具有周遍感应一切的能力，而且是绝对不变的永恒存在。"神"是承担因果报应的主体，实际上就是可以脱离形体而独立存在的灵魂。慧远这个"神"，继承了印度佛教小乘犊子部有"我"的主张，道家所说"形有靡而神不化"（《文子·守朴篇》）为慧远所吸收，我国传统迷信灵魂不灭观念也对慧远的思想有影响。慧远形成了这个"神"的概念，提出"形尽神不灭"的观点，把涅槃解释为"神界"，并且由此推衍出名目繁多、光怪陆离的鬼神世界，证明因果报应的必然性。

从哲理上讲的"非有非无"的法性，到宗教信仰上讲的"神"，都是实有的。在本书中，慧远与鸠摩罗什之间的分歧，集中在慧远求实有与鸠摩罗什"一切法空"的分歧。这是中印两种文化背景不同的表现。中国的儒家也是中国传统文化的特质是富于求实精神，重直觉而轻理性，重实际而轻玄想，即使在宗教领域也不例外。

　　印度中观学派思辨性的"诸法实相""法性"，虽然大开思路，却不大容易为中国人的思维习惯所接受，而因果报应的学说，中国人也总觉得应该有一个实在的主体来承担。顽强的传统文化心理改造着外来的理论，于是，在慧远心里，尽管接受了中观学派的空观，破"有"破"无"，却还要执着于"非有非无"，而且创造了"神"，作为业报的主体。

　　东晋时期，中国佛教正处于糅合和相关的学说，建立中国佛教各个学派、宗派的酝酿期。慧远糅合儒、佛、道，吸收佛家各派观点，创立了自己的佛学理论。此后，站在中国传统文化的立场上改造印度佛教学说，创立中国式的佛教学派、宗派，成为潮流，以至到隋唐时期形成为中国佛教的八宗。慧远在本书中所阐述大小乘的不同观点及他的其他著述，开创了佛学中国化的先河，对以后在中国发展独立的佛教学派的"判教"思想起了很大的作用。慧远所主张的"非有非无""形尽神不灭",则为民间信仰的传播提供了佛学理论依据,推动了因果报应之说深入民间。

在慧远与鸠摩罗什的对谈中,鸠摩罗什虽欲以"会三归一"的《法华经》,来解释所有大小乘包括法身、色法、取证等重大问题,不过这些问题绝不是如此单纯的,后世的中观、唯识,乃至中国天台、华严的"判教",都是在尝试解决这些问题。尤其在《阿含经》盛行的现代社会,慧远的问题,再次显出它的意义与重要性,值得所有现代人省思。

解　说

在本书中，鸠摩罗什和慧远讨论的问题涉及大乘要义的各个方面，内容是很广泛的。集中起来，大体上有如下四个中心内容：

法身观

两晋时期，对"法身"的理解颇为分歧。原来，小乘以佛法为法身，法身是佛法的人格化，名之为"身"，其实无身。所谓法身常住，意思只不过是佛法永存而已。大乘佛教在此基础上，把七住以上菩萨为了度脱众生而住世之身也称为法身，或称法性生身、菩萨法身。这个法身，既不是凡夫的生死身（肉身），又不入涅槃，即所谓"不在涅槃，不在世间"。这个法身是实在的呢，还是非实在的呢？慧远继承中国传统的灵魂不灭观念，主张"形尽神不灭"，因而把法身理解为灵魂，为神，当作独立自在的实体。当然，慧远认为法身有真法身和变化身的区别，真法身是实存的，变化身则是真法身的幻化，随众生的不同而有不同的身形。从真法身实存这个基本立场出发，他提出了一系列的问题，如：法身为什么会"生"？"生"由何种"业惑"所造成？真法身是什么性质？什么相状？"三十二相"是如何修得的？真法身有无身、口、意业？如有，与俗世凡夫诸业有何区别？真法身的寿命多长？由何决定？十地菩萨和佛所居国土在什么地方？是否可以"独处于玄廓之境"？真法身在佛国净土居住，已经与众生永绝，还有什么度化众生的功德可说？真法身以神通感应众生，其神通是否需要凭借四大五根？在念佛三昧中所见之佛，是外来的实在之佛，还是我想所出的主观佛？真法身是否还有烦恼残气？如有，是否还有差别？等等。

对于这些具体问题，鸠摩罗什往往不作确定的答述，而是针对慧远以法身为实的基本观点，反复论述法身非实："诸佛身皆从众缘生，无有自性，毕竟空寂，如梦如化。"（《次问念佛三昧并答》）

至于佛经中关于法身三十二相、十住国土之类的说法，似乎以法身为实有，其实，乃是为了教化众生的需要而作的方便说，是俗谛而非真谛。鸠摩罗什批评说，强要区分法身的真假、有无，那是"戏论"，即违背佛理的议论。

由于慧远十分关心法身问题，所以，这个问题在本书中所占的篇幅最大。但双方各说各的，其结果是谁也没有说服谁。鸠摩罗什坚持法身为空，自不必说，慧远以法身为实的观点，也是始终没有放弃的。

色法观

慧远以地、水、火、风四大为实体，称为"实法有"；认为其他有形色的东西都是由四大因缘和合而成的，称为"因缘有"；水月镜像则为"幻化有"。有神通的法身与人身一样，由四大五根所构成，以四大为本。这就是说，作为宇宙万物之本的四大本身，是不依赖任何因缘而独立存在的实体。这种观点源出于小乘的一切有部，有唯物论的味道，受到鸠摩罗什的批评。于是，双方展开了关于色法的讨论，即关于物质现象，主要是关于物质构成的讨论。

对于物质的构成，鸠摩罗什介绍并评论了小乘以至外道的说法。这些说法都是经验性的直观性的，非常古老而又矛盾重重，所以，读来很陌生而又不好理解。大体上说，鸠摩罗什取其一种说法，即以地、水、火、风四大为构成万物的基本元素，同时认为四大由色、香、味、触四法中的一法至四法组成，如风只有触，火有色与触二法，水有色、味、触三法，只有地大同时具有色、香、味、触四法。

在主观中，把地大分析到极小，叫作微尘。微尘是天地间一切色的根本，是不变的不可再分的基本单位。鸠摩罗什认为，从大乘的观点看来，四大并不是实在之物，因为四大是因缘而有的。微尘也不是实在物，因为微尘也是色、香、味、触因缘而有的，没有自性。因此，整个世界包括四大、微尘，通通虚妄不实，非真非假，非有非无，如幻如化，不可执着为有为无。只是为了教化众生的方便，或说为实，或说为假。法身菩萨没有四大五根，无有生死，存亡自在，随缘而现化虚空之形，其身如幻如镜中之像，也是空而不实的。

法性观

在大乘佛教那里，"实相"指的是超越现象界之外的真实存在，它同时又存在于现象界之中，是各种现象共同的本质。这个"实相"，又被表述为"如""法性""真际"。慧远要求分清"如""法性""真际"这三个概念的关系，鸠摩罗什作了答述。但慧远的实质问题，是以法性作为非"有"也非"无"的"非有非无"，把这个"非有非无"理解为常住不变的实体。鸠摩罗什发挥了中观学派的观点来批评慧远。他指出，一切现象的本性都是"空"，"空"不是一无所有，不等于零，而是说诸现象没有自性，没有生灭，不是实在之物。由于不是实在之物，只能说它是"如"，即像某物。只是像某物的样子，不能当真。这是诸法（诸现象）的本性，不是哪个人想出来的，所以叫作"法性"。

彻底悟解了一切法的法性，就叫作"真际"。"如""法性""真际"都是指实相，只不过由于对实相的悟解有层次深浅的不同，初等的叫作"如"，进一步叫作"法性"，悟到最深时叫作"真际"罢了。不管叫作什么，这个实相并非客观的实体，所以不能说"有"（存在），但因缘而有的诸法毕竟是存在的，尽管是虚妄不实的存在，是假有，也不能说是"无"。

实相即非"有"也非"无"，那么，是否能说实相是"非有非无"呢？鸠摩罗什认为不能。实相是空，要破实相为"有"观念，破实相为"无"观念，也破实相为"非有非无"观念。他说：

若非有非无，虽破"有""无"，还戏论"非有非无"者，尔时，佛言："舍'非有非无'，亦如舍

'有''无'。一切法不受不贪，是我佛法。"(《次问分破空并答》)

大小乘观

在早期大乘佛教经籍中，便把佛法分为声闻、辟支佛和菩萨三乘，而且斥声闻乘、辟支佛乘为小乘，以菩萨乘为大乘，自居于大乘，对小乘采取打击、排斥的态度。本书《次问罗汉受决并答》一章中谈到，菩萨害怕入于声闻、辟支佛道，甚于害怕堕入地狱，便是这种态度的反映。《法华经》调和大小乘的派别斗争，倡导"会三归一"，主张三乘都是同一佛乘，只不过是佛说法的三个次第之分而已。《法华经》不但说佛为菩萨授记，而且说为成千上万的声闻人授记，为已经涅槃的阿罗汉授记，预许他们将来必定做佛。《摩诃般若波罗蜜经》则要求菩萨遍学声闻、辟支佛道。

慧远对小乘仍抱排斥态度，所以，提出一些问题质询。鸠摩罗什维护《法华经》调和大小乘的基本立场，以其渊博的学识，极力论证阿罗汉终归做佛，论证菩萨必须遍学声闻、辟支佛二乘，论证菩萨遍学声闻、辟支佛道最易度脱众生。他说：

凡言善学小乘法者，皆是得无生法忍菩萨。(《次问遍学并答》)

慧远与鸠摩罗什的大小乘观，从表面上来看，是对小乘采取排斥或调和态度的分歧，实质上则是空、实的不同。从小乘的阿罗汉到大乘的菩萨以至于佛，是不同的果位，慧远从"形尽神不灭"的基本观念出发，把神看作独立自在的实体，因而把这些果位都看作神的果位。阿罗汉已灰身灭智，形体灭亡了，神也灭亡了，怎么能再复活去修菩萨道以至成佛呢？这是他不能理解也不能接受的。在鸠摩罗什看来，这些果位连佛在内都是空，所谓修行果位，不过是修行空观的不同阶段罢了。既然如此，从阿罗汉阶段进一步修习，当然可以成为菩萨以至达到佛的境界。

当前，佛教面临如何现代化的问题。由于现代科技的迅速进步，物质生活水平的急速提高，佛教所重视的人生之苦中，生、老、病三苦已经没有古代佛教徒所感受的那么严重可怕，唯独对死亡的恐惧，不但仍然存在，而且随着物质生活的改善而更为强化了。如何看待死亡？如何从死亡的恐惧中解脱出来？更广泛地说，如何看待人生？如何在生活中有一种正确的态度？这些精神世界问题，受到人们普遍的关注，人们迫切地从各种宗教和哲学中寻找答案。

而鸠摩罗什所宣传的"一切法空""诸法实相"的般若理论，在众多的答案中独树一帜，对于断除烦恼，了断生死，很有启发的意义，提供了丰富的思想资料。一方面继承"一切法空"的般若理论，一方面又接受庄子影响的禅宗，近些年来在欧美生根流传，被理解为一种生活的艺术，很受欢迎。这告诉我们，由大乘"一切法空"中去探索人生的真善美及其终极意义，是大有可为的。

对于断除烦恼、了断生死来说，不仅有哲理上的思维，如般若空宗这样，还有宗教上的体验这一条路。宗教体验是体验佛、菩萨的实有，慧远在庐山东林寺，结社念佛，曾三次见佛，这样深刻的体验，使我们可以相信，他所提出的问题，绝不只是哲理上的思维而已。他的问题可以说是现量经验的求证，这样宝贵的经验——依般舟三昧念佛、见佛、悟无生而自在往生，是值得所有有志念佛、求解脱的行者参考、借鉴的。

参考书目

1.《大智度论》（龙树撰，鸠摩罗什译）

2.《放光般若经》（无罗叉译）

3.《摩诃般若波罗蜜经》（鸠摩罗什译）

4.《成实论》（诃梨跋摩撰，鸠摩罗什译）

5.《法华经》（鸠摩罗什译）

6.《维摩诘所说经》（鸠摩罗什译）

7.《中论》（龙树撰，鸠摩罗什译）

8.《思益梵天所问经》（鸠摩罗什译）

9.《十住经》（鸠摩罗什译）

10.《俱舍论》（世亲撰，玄奘译）

11.《无量寿经》（康僧铠译）

12.《成唯识论》（护法等著，玄奘译）

13.《观无量寿经》（畺良耶舍译）

14.《杂阿毗昙心论》（法救作，僧伽跋摩等译）

15.《十住毗婆沙论》（龙树撰，鸠摩罗什译）

16.《般舟三昧经》（支娄迦谶译）

17.《大智度论抄序》（慧远撰，见《出三藏记集》卷十）

18.《沙门不敬王者论》（慧远撰，见《弘明集》卷五）

19.《明报应论》（慧远撰，见《弘明集》卷五）

20.《高僧传·慧远传》（梁·释慧皎撰）

21.《高僧传·鸠摩罗什传》（梁·释慧皎撰）

22.《出三藏记集·鸠摩罗什传》（梁·释僧祐撰）

23.《高僧传·道安传》（梁·释慧皎撰）

24.《汉魏两晋南北朝佛教史》（汤用彤著，中华书局一九八八年出版）

25.《中国佛教史》（任继愈主编，中国社会科学出版社一九八五年出版第二卷）

26.《慧远及其佛学》（方立天著，中国人民大学出版社一九八四年出版）

27.《慧远研究·遗文篇》（木村英一编，日本东京创文社一九六〇年出版）

出版后记

星云大师说："我童年出家的栖霞寺里面，有一座庄严的藏经楼，楼上收藏佛经，楼下是法堂，平常如同圣地一般，戒备森严，不准亲近一步。后来好不容易有机缘进到藏经楼，见到那些经书，大都是木刻本，既没有分段也没有标点，有如天书，当然我是看不懂的。"大师忧心《大藏经》卷帙浩繁，又藏于深山宝刹，平常百姓只能望藏兴叹；藏海无边，文辞古朴，亦让人望文却步。在大师倡导主持下，集合两岸近百位学者，经五年之努力，终于编修了这部多层次、多角度、全面反映佛教文化的白话精华大藏经——《中国佛教经典宝藏》，将佛教深睿的奥义妙法通俗地再现今世，为现代人提供学佛求法的方便途径。

完整地引进《中国佛教经典宝藏》是我们的夙愿，

三年来，我们组织了简体字版的编审委员会，编订了详细精当的《编辑手册》，吸收了近二十年来佛学研究的新成果，对整套丛书重新编审编校。需要说明的是此次出版将丛书名更改为《中国佛学经典宝藏》。

　　佛曰：一旦起心动念，也就有了因果。三年的不懈努力，终于功德圆满。一百三十二册，精校精勘，美轮美奂。翰墨书香，融入经藏智慧；典雅庄严，裹沁着玄妙法门。我们相信，大师与经藏的智慧一定能普应于世，济助众生。

东方出版社

图书在版编目（CIP）数据

大乘大义章 / 陈扬炯 释译 . —北京：东方出版社，2019.10
（中国佛学经典宝藏）
ISBN 978-7-5060-8650-9

Ⅰ.①大… Ⅱ.①陈… Ⅲ.①佛教—宗教经典—注释
②佛教—宗教经典—译文 Ⅳ.① B94

中国版本图书馆 CIP 数据核字（2015）第 267714 号

本书中文简体字版权由上海大觉文化传播有限公司独家授权出版
中文简体字版专有权属东方出版社

大乘大义章
（DACHENG DAYI ZHANG）

释 译 者：陈扬炯
责任编辑：王梦楠
出　　版：东方出版社
发　　行：人民东方出版传媒有限公司
地　　址：北京市西城区北三环中路 6 号
邮　　编：100120
印　　刷：北京明恒达印务有限公司
版　　次：2019 年 10 月第 1 版
印　　次：2022 年 1 月第 2 次印刷
开　　本：880 毫米 ×1230 毫米　1/32
印　　张：9.5
字　　数：161 千字
书　　号：ISBN 978-7-5060-8650-9
定　　价：52.00 元
发行电话：（010）85924663　85924644　85924641